에스겔

에스겔

초판 1쇄   2025년 7월 18일

지은이   조윤호
펴낸곳   바티스
편　집   편집부
디자인   해피디자인
그　림   김정희

등록번호   제 333-2021-000046호
등록일자   2021년 8월 27일
주　소   부산광역시 해운대구 재반로 113-15(4층), 바티스 출판사 영업부
전　화   051-783-9191
팩　스   051-781-5245
이메일   bathys3410@gmail.com

ISBN   979-11-991115-2-3(03230)

값 20,000원

이 책에 실린 글과 이미지의 무단전재 · 복제를 금합니다.
이 책에 내용의 전부 또는 일부를 재사용하려면 반드시 출판사의 동의를 받아야 합니다.

이 책은 강원교육모두체, 강원교육새음체를 사용하였습니다.

 바티스는 헬라어로 βαθύς 입니다. '깊은', '심오한', '질긴', '풍부한' 뜻을 가지고 있습니다.

에스겔

조윤호 지음

바티스

에스겔을 출간하면서

　　하나님께서 부르셨습니다. 그리고 세우셨습니다. 그러나 세상에는 하나님으로부터 부름을 받고, 세움을 받을 만한 자격을 가진 사람은 단 한 명도 없습니다. 그럼에도 불구하고 하나님께서 에스겔을 부르셨습니다. 그리고 그를 세웁니다. "내가 너를 이스라엘 자손 곧 패역한 백성, 나를 배반하는 자에게 보내노라"(겔 2:3) 그리고 말씀합니다. "인자야 너는 비록 가시와 찔레와 함께 있으며 전갈 가운데에 거주할 지라도 그들을 두려워하지 말고 그들의 말을 두려워하지 말지어다 그들은 패역한 족속이라도 그 말을 두려워하지 말며 그 얼굴을 무서워하지 말지어다"(겔 2:6)

　　하나님은 완전하신 분입니다. 전지하시며, 나의 겉과 속의 모든 것을 창조하신 전능하신 하나님입니다. 하나님께서 나를 부르시고, 세울 때는 나의 자격을 살펴보거나 나의 능력을 보고 부르고, 세우는 것이 아닙니다. 하나님께서 선지자들을 부르고, 세울 때 재능과 자격 또는 유명세를 감안하여 부르지 않습니다. 하나님께 겸손히 서고, 순종하는 신앙으로 "아멘!"하는 자를 부르고, 세웁니다. 물론 하나님의 부르심에 대해 바로 "아멘!"으로 응답하지 못하고 자신이 하나님의 사명을 감당하기에 부족하다고 반응한 선지자들도 있습니다. 그러나 우리의 부족함과 무지함과 연약함을 이미 알고 계신 하나님께서 부르실 때는 그를 향해 권세와 권능을 이미 부여했다는 것을 잊지 않아야 합니다.

하나님께서 에스겔을 선지자로 부를 당시 시대적 상황은 매우 암울했습니다. 그럼에도 그발 강 가에 포로 상태로 놓인 에스겔을 부를 때 하나님의 권능이 이미 에스겔 위에 임하였던 것을 볼 수 있습니다. "갈대아 땅 그발 강 가에서 여호와의 말씀이 부시의 아들 제사장 나 에스겔에게 특별히 임하고 여호와의 권능이 내 위에 있으니라"(겔 1:3) 사독 계열의 제사장 집안에서 부시의 아들로 태어났던 에스겔이 하나님의 대언자로, 파수꾼으로 맡은 바 사명을 감당하도록 부름을 받습니다. 그리고 여호와의 영광을 환상 가운데 바라보며 시작하는 에스겔서는 이스라엘이 어떤 이유로 심판을 받게 되는지 각종 환상을 통해 계시해 줍니다.

환상 가운데 가장 중요하게 작용하고 있는 내용은 '공

의'와 '은혜'입니다. '공의'의 기준은 불의한 세상의 법과 상식이 아니라 하나님께서 이미 주셨던 법도와 규례입니다. 기울지 않는 저울추로 기능을 감당하는 법도와 규례는 이스라엘을 복된 자리로 이끌어가고, 지키는 울타리였습니다. 그러나 이들은 이것을 그릇되게 해석하고, 세상의 유행을 따라 변형시키고, 변절시킵니다. 하나님께서는 이런 이스라엘을 가리켜 '녹슨 가마'라고 일컬었던 것입니다. "그러므로 주 여호와께서 이같이 말씀하셨느니라 피를 흘린 성읍, 녹슨 가마 곧 그 속의 녹을 없이하지 아니한 가마여 화 있을진저 제비 뽑을 것도 없이 그 덩이를 하나하나 꺼낼지어다"(겔 24:6)

하나님께서는 그럼에도 불구하고 이스라엘에게 회개의 길을 열어줍니다. 하나님의 '은혜'가 이스라엘 가운데 임합니다. 하나님의 '은혜'는 이스라엘의 자격과 가치로 실현되는 것이 아닙니다. 신실하시고, 불변하신 하나님께서 언약하셨던 것을 실현하기 위해 이스라엘 가운데 '은혜'를 베풀고 계셨던 것입니다. 아브라함에게 언약하셨던 말씀의 실현이었습니다. 하나님께서는 이것을 성전의 환상을 통해 에스겔에게 계시해 줍니다.

'공의'와 '은혜'의 양단을 비춰가는 내용으로 전체 48장을 구성하고 있는 에스겔을 32개의 주제로 본 저서는 다루고 있습니다. 책의 전체 구성을 '에스겔의 소명'과 '하나님의 공의로운 심판', '하나님의 은혜와 선민의 회복'이라는 세 단락을 각 주제별로 구성하여 32편의 소주제로 내용을 전개하고 있습니다. 에스겔은 성경의 전체 구성이 환상을 중심으로 계시의 말씀이 전개되고 있습니다.

 과거의 역사는 현재를 진단하게 하고, 미래를 준비하게 만드는 그려진 도면과도 같습니다. 에스겔을 통해 주신 계시의 말씀은 그 당대에 머무는 말씀이 아닙니다. 이 시대를 향해 조명해 주고 있는 또 하나의 계시의 말씀입니다. 하나님의 말씀은 살아있습니다. 『에스겔』은 에스겔이 있던 당시의 역사를 논하면서 과거의 역사적 사건을 돌아보고, 현재를 조명하였으며, 미래를 예비하는 '삼단 원리'를 적용하여 전체적인 내용을 전개하고 있습니다. 특히 본문에서 적용하고 있는 것 가운데 '녹슨 가마'와 '복된 소낙비' 그리고 '마른 뼈'와 '성전'과 관련된 환상은 우리가 살아가는 이 시대의 현실을 비춰보게 하는 중요한 대목입니다.

 『에스겔』은 네 가지의 특징을 가지고 있습니다. 첫 번째는 에스겔서의 어려운 본문들을 쉽고, 바르게 이해할 수 있도록 바른 교리적 해석으로 내용을 구성하였습니다. 두 번째는 말씀을 묵상하는 데 도움을 줍니다. 세 번째는 설교를 준비하는 데 도움을 줍니다. 네 번째는 세 가지의 질문("하나님은 어떤 분인가요?", "하나님은 나를 통해 무엇을 이루길 원하실까요?", "나는 어떤 신앙의 모습으로 세워져야 할까요?")을 통해 하나님을 바르게 알아가고, 자신의 신앙을 말씀의 거울에 비춰보고, 돌이켜 보는 시간을 가지도록 하였습니다.

『에스겔』은 누구나 쉽게 읽을 수 있는 책입니다. 그리고 신앙의 바른길을 제시하며, 바른 교리로 독자를 무장시키는 '전신갑주'와도 같은 책입니다. 32개의 주제로 구성된 『에스겔』은 성경 본문을 앞장에 수록하여 성경을 별도로 지참하지 않아도 불편이 없도록 내용을 구성하였습니다. 또 하나 32개의 주제 안에는 각각의 3가지 소주제를 제시하면서 본문이 말하는 바를 깨달아 알도록 이끌어가고 있는 성경의 안내서와도 같은 소중한 책입니다.

『에스겔』을 집필하면서
조윤호

목차

▶ 에스겔을 출간하면서   4

▶ 에스겔에 대한 간략한 이해   11

세 가지 신앙의 모습(겔 1:4~14)   18
이런 하나님의 형상이 되자(겔 1:26~28)   28
하나님의 부르심 앞에(겔 2:1~7)   37
일어나야 합니다(겔 5:1~4)   46
증인의 입술이 되자(겔 7:5~9)   56
어떤 가치관으로 살아갈 것인가(겔 7:10~13)   65
신앙을 개혁하자(겔 8:5~13)   74
잊지 말아야 할 세 가지(겔 10:1~8)   82
거짓 선지자의 사악함 앞에(겔 13:1~7)   91
신앙의 바른 걸음(겔 15:1~8)   100
헛된 영광과 참된 번영(겔 17:1~10)   109

하나님 손에 붙들린 자(겔 17:22~24) ... 118
비뚤어진 선택(겔 19:1~9) ... 127
하나님을 향한 첫 열매의 신앙(겔 20:40~44) ... 136
신앙의 바른 자세(겔 23:1~10) ... 145
신앙의 녹을 닦아내어라(겔 24:1~14) ... 154
책임감 있는 파수꾼(겔 33:1~9) ... 164
책임을 다하는 십자가의 교회(겔 34:1~6) ... 173
복된 소낙비(겔 34:25~31) ... 182
거룩한 이름을 위하여(겔 36:22~31) ... 190
살아나리라(겔 37:1~10) ... 199
이렇게 만들어갑니다(겔 37:11~14) ... 208
자기 백성을 향한 하나님(겔 39:25~29) ... 217
예배합니다(겔 40:17~27) ... 226
영광의 담을 만들자(겔 42:15~20) ... 235
동문을 열어라(겔 43:1~5) ... 244
신앙의 문을 달아라(겔 44:1~3) ... 253
심령의 전을 사수하라(겔 44:4~8) ... 261
거룩의 경계를 만들어라(겔 45:1~8) ... 270
나의 사명과 사역(겔 45:9~12) ... 279
생명수를 흘려보내는 교회(겔 47:1~12) ... 288
하나님이 원하는 열린 문(겔 48:30~35) ... 298

에스겔에 대한 간략한 이해

▶ 책명

　히브리 성경은 책명을 저자의 이름을 따라 '에스겔(예헤즈켈)'이라 칭하였다. '에스겔'의 뜻은 '하나님은 강하시다' 또는 '하나님께서 강건하게 하신다'라는 의미를 가지고 있다. '에스겔'이라는 이름 가운데는 하나님은 자신의 기쁘신 뜻을 이루기 위해 역사를 주관하시며, 인간의 상상을 초월하는 능력으로 자기 백성을 정화시켜 다시 강하게 해주신다는 은혜를 수반하고 있다. 이런 책명에 대해 70인역은 '예제키엘', 벌게이트역은 '에제키엘'이라고 불렀다. 한글 성경 또한 책명을 저자의 이름을 따라 '에스겔'이라고 부르고 있다.

▶ 저자

본서의 1장부터 3장에는 하나님으로부터 부름을 받은 제사장 부시의 아들 에스겔을 언급하고 있다. 에스겔은 제사장이었다. 그의 직분이 말하고 있듯이 에스겔의 예언적 사역은 '성전', '제사장 직분', '희생 제사', '하나님의 영광이 성전에 나타나는 것'에 강조점을 두고 있다. 심지어 하나님께서는 그의 아내의 죽음에 대한 표적을 통해 예루살렘의 죄는 용서받지 못할 악함이었다는 것을 말하고 있다. 이런 에스겔서에 대해 네델란드의 철학자 스피노자(Benedict de Spinoza, 1632-1677)는 에스겔의 저작성을 부인하였다.

베른하르트 둠(Bernhard Duhm, 1847-1928)은 에스겔서의 저자를 둘로 나누고 있다. 40장부터 48장은 제2 예언자의 작품이라고 주장하였다. 그리고 카를 하인리히 코르닐(Carl Cornill, 1854-1920)은 에스겔 40장부터 48장은 에스겔 사후에 덧붙여진 것이라고 했다. 알베르트 아이크로드(Albert Eichrodt, 1896-1976)는 40장부터 48장의 예루살렘 성전에 대한 환상은 에스겔의 작품이 아닐 가능성에 무게를 두었다. 그러나 그럼에도 불구하고 많은 학자들은 에스겔서의 저자를 에스겔로 보고 있으며 여기에 대해 의심하지 않고 있다.

▶ **기록연대 및 시대적 배경**

에스겔서의 기록 장소는 바벨론이었다. 제사장 부시의 아들이었던 에스겔은 B.C. 597년 여호야긴 왕을 비롯한 왕족과 귀족 등 유다의 높은 지위에 있던 자들이 바벨론에 포로로 끌려왔을 때 함께 잡혀 왔다. 이런 에스겔이 선지자로 소명을 받은 장소는 그발 강 가였으며, 포로로 끌려온 지 5년째인 B.C. 593년경이었다. 그해로부터 B.C. 571년 애굽이 바벨론에 의해 정복되기까지 약 22년간 선지자로 활동했으며 이 기간에 본서가 에스겔에 의해 기록되었다.

에스겔이 그발 강 가에서 선지자로 세움을 받을 때 하나님께서 그에게 환상을 통해 이스라엘의 영적 상태와 멸망의 사건을 알려준다. 바벨론에 의한 유다의 몰락과 회복에 대한 환상을 보고 있을 때 예루살렘에서는 예레미야가 선지자로 활동하고 있었다. 예레미야는 요시야가 유다를 다스린 지 '십삼 년' 때인 B.C. 627년경에 선지자로 부름을 받아 이스라엘의 패망의 역사를 눈물로 지켜보게 된다.

제사장의 아들이었던 에스겔은 성전 시대의 인물로서 예루살렘 성전의 기능과 중요성에 대해 누구보다 잘 알고 있었다. 이런 그에게 여호와의 영광이 성전을 떠나는 환상의 내용은 충격적이었다. 환상 가운데 보인 장면이 역사 가운데 실현이 된다. 에스겔이 선지자로 세움을 받아 7년째 활동하던 B.C. 586년 예루살렘은 바벨론에 의해 처참하게 짓밟히며 멸망의 길을 걷는다. 시드기야 왕은 포위된 예루살렘 성의 비상구를 통해 도망가다 붙잡힌다. 그의 아들들은 시드기야가 보는 앞에서 모두 참수를 당하고 그는 두 눈이 뽑힌 상태로 처참하게 바벨론으로 끌려간다.

예루살렘의 멸망에 대해 하나님께서는 녹슨 가마의 비유를 통해 그 원인을 알게 한다. 우상숭배와 하나님을 향한 불신앙이 원인이었다. 그러나 이런 예루살렘을 향한 회복을 환상을 통해 펼쳐 보인다. 에스겔을 향한 회복의 환상은 동시대 예루살렘에서 선지자로 활동했던 예레미야에게도 동일하게 나타난다. '70년의 포로기'와 회복에 대한 언약이다. "여호와께서 이와 같이 말씀하시니라 바벨론에서 칠십 년이 차면 내가 너희를 돌보고 나의 선한 말을 너희에게 성취하여 너희를 이곳으로 돌아오게 하리라"(렘 29:10) 에스겔서는 에스겔의 소명과 예루살렘을 향한 멸망의 역사와 회복에 따른 언약을 환상을 통해 계시해 주고 있으며, 이것이 역사 가운데 실현되었던 것을 이후의 역사는 증명하고 있다.

70년의 회복에 대한 예언의 성취 (렘 25:11-12; 29:10) →							약 70년 / 70년			약 70년	

B.C. 1050	1010	970	930	(앗수르) 722	바벨론의 침략 605	597	586	537	516	458	444
사울	다윗	솔로몬	(남) 르호보암 (북) 여로보암	북이스라엘 멸망	1차 바벨론 포로	2차 바벨론 포로	3차 바벨론 포로 (성전 파괴)	1차 포로 귀환 (스룹바벨)	성전 재건 (스룹바벨)	2차 포로 귀환 (에스라)	3차 포로 귀환 - 성벽 재건 (느헤미야)
통일왕국			분열왕국			북이스라엘 (멸망상태)			유다 멸망	포로기			

에스겔 포로로 끌려옴(597) ~ 선지자로 세워짐(593) ~ (571)

▶ 목적

　　에스겔이 그발 강 가에서 포로 상태로 머물러 있었던 때는 예루살렘의 성전이 완전히 무너짐을 당하기 전이었다. 일반적으로 바벨론의 포로는 3차례의 시기를 말한다. 제1차는 B.C. 605년이며, 제2차는 B.C. 597년이다. 그리고 제3차는 예루살렘 성전이 무너진 B.C. 586년으로써 이것을 예루살렘의 멸망의 역사로 표현하고 있다. 에스겔서가 기록된 목적은 크게 다섯 가지의 유형을 가지고 있다. 첫 번째는 예루살렘의 멸망과 이스라엘의 포로 생활에 대한 예언을 말하기 위해서 기록되었다. 에스겔이 선지자로 세움을 받던 당시의 예루살렘은 여전히 바벨론의 위협으로부터 자유롭지 못한 상황이었다. 하나님께서는 여전히 죄악 가운데 머물고 있는 유다를 향해 하나님의 심판이 곧 임하여 예루살렘이 멸망할 것과 이어지는 포로 상태의 생활을 에스겔을 통해 예언한다. 그리고 백성들을 향해 심판에 대한 경고와 회개를 촉구하고 있다.

　　두 번째는 이스라엘 백성들의 죄악과 하나님의 공의로운 심판을 드러내기 위해 기록되었다. 이스라엘 백성들은 우상숭배와 죄악 그리고 불의가 가득한 모습을 하고 있었다. 예루살렘을 향한 하나님의 심판은 하나님 앞에 불의를 행한 자들에 대한 공의의 심판인 것을 알게 한다. 이를 통해 백성들에게는 죄를 깨닫게 하고 하나님을 향해 회개를 이끌어내고 있었다.

세 번째는 하나님의 영광스러운 회복을 예언하기 위해 기록되었다. 에스겔은 예루살렘의 멸망과 포로 생활 이후 하나님께서 이스라엘 백성들을 회복시키고 구원하실 것을 예언하고 있다. 이를 통해 백성들에게는 희망을 주고 있으며 하나님의 섭리에 대한 믿음을 강화시키고 있다.

네 번째는 하나님의 거룩함과 영광을 강조하기 위해서이다. 특히 에스겔서는 환상과 상징을 통해 하나님의 거룩함과 영광을 강조하고 있다. 이 과정을 통해 백성들로 하여금 하나님의 위엄을 깨닫게 하고 경외심을 심어주고 있다.

다섯 번째는 메시아 시대의 도래를 예언하기 위해서이다. 에스겔서의 특징 가운데 하나는 도래할 시대에 대한 예언이다. 메시아 시대의 도래를 통해 하나님의 완전한 통치를 기대하도록 한다. 이는 백성들에게 미래에 대한 희망을 주고 있으며 하나님의 구원 계획에 대한 이해를 돕고 있다. 이와 같이 에스겔서는 하나님의 심판과 회복, 거룩함과 영광, 그리고 메시아 시대의 도래를 예언하면서 이스라엘 백성들에게는 회개와 믿음, 희망을 촉구하고 있다.

세 가지 신앙의 모습(겔 1:4~14)

1:4 내가 보니 북쪽에서부터 폭풍과 큰 구름이 오는데 그 속에서 불이 번쩍번쩍하여 빛이 그 사방에 비치며 그 불 가운데 단 쇠 같은 것이 나타나 보이고

1:5 그 속에서 네 생물의 형상이 나타나는데 그들의 모양이 이러하니 그들에게 사람의 형상이 있더라

1:6 그들에게 각각 네 얼굴과 네 날개가 있고

1:7 그들의 다리는 곧은 다리요 그들의 발바닥은 송아지 발바닥 같고 광낸 구리 같이 빛나며

1:8 그 사방 날개 밑에는 각각 사람의 손이 있더라 그 네 생물의 얼굴과 날개가 이러하니

1:9 날개는 다 서로 연하였으며 갈 때에는 돌이키지 아니하고 일제히 앞으로 곧게 행하며

1:10 그 얼굴들의 모양은 넷의 앞은 사람의 얼굴이요 넷의 오른쪽은 사자의 얼굴이요 넷의 왼쪽은 소의 얼굴이요 넷의 뒤는 독수리의 얼굴이니

1:11 그 얼굴은 그러하며 그 날개는 들어 펴서 각기 둘씩 서로 연하였고 또 둘은 몸을 가렸으며

1:12 영이 어떤 쪽으로 가면 그 생물들도 그대로 가되 돌이키지 아니하고 일제히 앞으로 곧게 행하며

1:13 또 생물들의 모양은 타는 숯불과 횃불 모양 같은데 그 불이 그 생물 사이에서 오르락내리락 하며 그 불은 광채가 있고 그 가운데에서는 번개가 나며

1:14 그 생물들은 번개 모양 같이 왕래하더라

세 가지 신앙의 모습(겔 1:4~14)

　　B.C. 597년 경이었습니다. 유다의 제18대 왕이었던 여호야긴과 함께 바벨론에 포로로 끌려온 제사장 부시의 아들 에스겔의 나이가 삼십이 되었을 때입니다. 그가 그발 강 가에서 하나님으로부터 선지자로 부름을 받습니다. 포로로 끌려온 이스라엘 백성들의 모습은 중심과 방향을 잃어버린 공황 상태였습니다. 하나님께서는 이런 이스라엘 백성들 앞에 에스겔을 선지자로 세웁니다. 그리고 백성들을 향해 두 가지의 중요한 메시지를 증거하도록 합니다. 하나는 하나님을 향한 이스라엘의 불신앙이 멸망을 초래하게 되었다는 것을 알게 합니다. 또 다른 하나는 하나님의 은혜에 따른 회복입니다.

　　하나님께서는 에스겔을 선지자로 세워 자신들의 모습을 돌아보게 합니다. 그리고 하나님을 향한 신앙을 똑바로 세우도록 촉구합니다. 이 장면들을 통해 우리의 모습을 거울처럼 비춰볼 수 있어야 합니다. 하나님의 형상을 하고 있는 나는 하나님께서 이 땅에 두신 목적 가운데 살아가고 있는지? 여기에 대해 나는 어떤 신앙의 자세를 취해야 하는지? 그발 강 가에 임한 '네 생물'의 환상은 어떤 답을 주고 있을까요?

(4~9) 주어진 사명과 사역에 대해 협력하고, 동역을 이룰 때 여호와를 향한 신앙으로 일체의 모습을 이루어야 하며, 강작하고 열심과 최선을 다하는 동역의 모습을 잃어버리지 않아야 합니다

하나님께서 에스겔에게 '네 생물'의 특별한 환상을 보여줍니다. 이것은 이스라엘 백성들을 향한 하나님의 말씀임과 동시에 에스겔에게 들려주는 하나님의 음성이었습니다. '네 생물'의 환상은 에스겔이 특별한 사람이거나 그가 선지자로 부름을 받은 것이 다른 사람들보다 영적으로 뛰어나기 때문이라는 것을 말하는 것이 아닙니다. 그가 특별한 능력을 가졌기 때문에 '네 생물'의 환상을 보는 것도 아닙니다.

하나님께서는 에스겔로 하여금 선지자로 세움을 받기에 앞서서 하나님의 현현의 모습을 통해 하나님이 어떤 분인지 알게 하고, 자신을 돌아보도록 합니다. 에스겔은 지금까지 자신이 한 번도 본 사실이 없는 '네 생물'의 형상을 환상 가운데 봅니다. '네 생물'은 두 가지의 특이한 모습을 하고 있었습니다. '사람의 형상'이었으며, '일체의 모습'을 하고 있었습니다. '네 생물'이 등장하기 전에 빛이 '사방에' 비칩니다. 빛이 '사방'에 비치는 것과 '네 생물'은 하나님의 존재에 대한 것을 강조하고 있습니다. 영이신 하나님은 어떤 일정한 방향에 존재하는 것이 아니라 모든 곳에 편만하게 존재합니다. 하늘과 땅 어디에도 안 계시는 곳이 없습니다.

그리고 '네 생물'이 '사람의 형상'을 하고 있다는 것은 '네 생물'이 인격적인 존재라는 것을 말하고 있습니다. '네 생물'은 얼굴이 각각의 모습을 하고 있었으며, '네 날개'와 날개 밑에는 각각 '사람의 손'이 있었습니다. 이런 '네 생물'은 각기 바라보는 방향이 달랐습니다. 동, 서, 남, 북이었습니다. 그런데 놀라운 것은 이들이 움직일 때 날개와 진행하는 방향이 각각 바라보는 방향으로 향하는 것이 아니었습니다. '네 생물'이 일체의 모습을 하면서 동일한 방향으로 움직이고 있었습니다.

'네 생물'이 각각의 모습을 하고 있다는 것은 각각 다른 능력을 가지고 있다는 것을 함축하고 있습니다. 그럼에도 불구하고 하나님의 명령에 대해 '네 생물'은 각각 바라보는 방향으로 움직이지 않습니다. 하나님께서 명하신 대로 같은 방향, 일체의 모습을 이루며 날아갑니다. 하나님은 이 장면을 통해 에스겔에게 그리고 이 장면을 목격하고 있는 우리에게 중요한 것을 깨닫도록 합니다. 자신에게 주어진 사명과 사역을 감당할 때 모든 중심점은 각 개인의 능력에 있는 것이 아니라 하나님을 향한 신앙 가운데 있다는 것을 알게 합니다.

최선을 다하며 협력하고, 동역을 이룰 때도 각자의 개성과 능력이 중심이 되는 것이 아니라 하나님을 향한 신앙으로 일체를 이루는 것이 무엇보다 중요합니다. 각자의 개성과 능력이 중심을 이루는 사명과 사역에는 진정한 협력과 동역이 나타나지 않습니다. 분열합니다. 여호와를 향한 신앙을 중심으로 일체를 이룰 때 하나님의 도우심이 강력하게 역사합니다. 각자의 능력과 개성이 중심이 되어 동역하는 것이 아니라 여호와를 향한 신앙으로 일체의 모습을 이루며 협력하고, 동역해야 강직하고 열심과 최선을 다하는 동역이 효력으로 나타나게 됩니다. 하나님께서 명하신 대로 일체를 이루지 않으면 동역은 불만으로 나타나고, 분열로 나타난다는 것을 잊지 않아야 합니다.

(10~12) 세상의 능력으로 자신을 자랑삼는 자가 아니라 천지와 만물을 다스리는 하나님 앞에 겸손히 자신을 굴복시키며, 하나님의 뜻을 이루어내는 종의 모습을 가져야 합니다

에스겔이 '네 생물'의 얼굴을 자세히 봅니다. 넷의 '앞'은 모든 창조물 가운데 으뜸인 '사람'의 얼굴을 하고 있었습니다. '오른쪽'은 동물 가운데 으뜸인 '사자'의 모습이었으며, '왼쪽'은 사람이 기르는 가축 가운데 으뜸인 '소'였습니다. '뒤쪽'은 새 가운데 으뜸인 '독수리'의 얼굴을 하고 있었습니다. 각각의 능력으로 말한다면 개성이 강한 '네 생물'입니다. 절대로 함께 동역을 이룰 수 없는 생물들입니다. 그러나 이런 생물이 마치 하나인 것처럼 동역을 이룹니다. 무엇이 이들을 이렇게 만들었을까요? 그 비밀은 얼굴의 모양에 있는 것이 아닙니다. 날개의 모습에 있었습니다. 여섯 날개 가운데 '두 날개'는 날갯짓을 하지만 '두 날개'로는 거룩하신 하나님 앞에 자랑삼을 것이 없다는 겸손의 표현으로 자신들의 얼굴을 가립니다.

또 다른 '두 날개'는 자신들의 '발'을 가리며 하나님 앞에 수치 되는 부분을 가립니다. '네 생물'의 모습은 천지를 다스리는 하나님 앞에 겸손하고, 자신을 전적으로 복종시키는 종의 자세였습니다. 그리고 이런 종의 모습은 동역하는 일체의 모습을

취하고 있습니다. 천지와 만물을 지혜와 권능으로 다스리는 하나님 앞에 자신을 자랑삼는다는 것은 '교만'한 자의 모습이 됩니다. 천지와 만물을 다스리는 하나님 앞에 겸손히 자신을 굴복시켜야 합니다. 그리고 공동체 앞에, 성도들 앞에 자신을 자랑삼지 않아야 합니다. 오직 하나님의 뜻을 이루어내는 종의 모습으로 모든 것을 감당하는 신앙의 자세를 가져야 합니다.

(13~14) 하나님의 뜻을 바르게 깨달아 알뿐만 아니라 맡겨진 사명에 대해 지체하지 말고 신속하게 모든 일들을 수행하는 부지런한 신앙의 자세를 가져야 합니다

에스겔 선지자는 '네 생물'의 환상을 통해 또 다른 하나의 현상을 봅니다. '네 생물'이 에스겔 자신의 육안으로는 쳐다보기 힘들 정도로 이글거리는 불과 찬란한 광채에 휩싸여 있는 모습을 하고 있었습니다. 그런데 이 '네 생물'에 대한 진짜 초점은 그것이 아니었습니다. '네 생물'의 초점은 '번개 모양 같이 왕래하는 것'에 있었습니다. '숯불'과 '횃불'은 하나님의 공의로운 심판을 상징하고 있습니다.

그리고 '번개 모양 같이 왕래한다'는 것은 하나님의 공의로운 심판을 드러내는 사명에 대해 핑계하거나 요령을 피우지 않고 매우 신속하게 그리고 그 일들을 부지런히 수행하는 모습을 나타내고 있습니다. 이런 '네 생물'의 모습을 통해 자신에게 맡겨진 사명과 사역을 돌이켜 볼 수 있어야 합니다. 하나님의 뜻을 바르게 깨달아 알뿐만 아니라 맡겨진 사명에 대해 지체하지 않고 신속하게 모든 일들을 수행하는 부지런한 종의 모습을 담아내어야 합니다. 하나님은 이런 나의 모습을 바라보고 기뻐합니다.

(적용)

우리에게는 거부해야 할 세 가지 모습과 이루어야 할 세 가지의 모습이 있습니다. '하나님을 떠나도록 만드는 모든 환경' 그리고 '하나님의 법'을 지키지 못하게 하는 모든 환경, '불의한 방법'으로 속히 부하고자 하는 모든 환경을 거부해야 합니다. 반면 취해야 할 세 가지는 여호와를 중심에 둔 신앙입니다. 성도 간에 함께 협력하고, 동역을 이루며, 일체의 모습으로 하나님 나라의 영광을 위해 열심과 최선을 다하는 신앙의 모습입니다. 덧붙여 항상 겸손하며, 하나님의 뜻을 이루어내는 종의 모습입니다. 맡겨진 사명과 사역에 대해서는 지체하지 않는 부지런한 종의 모습을 가져야 합니다. 이런 신앙의 걸음으로 하나님 나라 영광의 꽃을 활짝 피우는 종이 되어야 합니다.

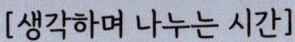

[생각하며 나누는 시간]

1. 하나님은 어떤 분인가요?

2. 하나님은 나를 통해 무엇을 이루길 원하실까요?

3. 나는 어떤 신앙의 모습으로 세워져야 할까요?

이런 하나님의 형상이 되자 (겔 1:26~28)

1:26 그 머리 위에 있는 궁창 위에 보좌의 형상이 있는데 그 모양이 남보석 같고 그 보좌의 형상 위에 한 형상이 있어 사람의 모양 같더라
1:27 내가 보니 그 허리 위의 모양은 단쇠 같아서 그 속과 주위가 불 같고 내가 보니 그 허리 아래의 모양도 불 같아서 사방으로 광채가 나며
1:28 그 사방 광채의 모양은 비 오는 날 구름에 있는 무지개 같으니 이는 여호와의 영광의 형상의 모양이라 내가 보고 엎드려 말씀하시는 이의 음성을 들으니라

이런 하나님의 형상이 되자 (겔 1:26~28)

　　죄로 인해 인간의 속성 중심에는 악함이 자리하게 됩니다. 죄에 대해 가르쳐 주지 않아도 죄짓는 일에 익숙한 모습은 이런 속성이 가지고 있는 특성 때문입니다. 우상숭배와 하나님의 말씀을 벗어나는 행동이 자연스러워지는 것도 이런 근본적인 이유를 가지고 있기 때문입니다. 하나님께서는 에스겔을 선지자로 세웁니다. 그리고 하나님을 향한 이스라엘 백성들의 죄악 된 모습을 돌이켜보도록 합니다. 하나님의 '큰 은혜'로 출애굽한 것을 망각합니다. 그리고 하나님께서 세우신 나라에서 우상 숭배자가 됩니다. 한술 더 떠서 하나님의 말씀을 따르지 않고 역행합니다. 하나님의 형상으로서 가치관이 무너져 있습니다.

　　우리는 하나님의 형상입니다. 죄악 된 세상을 살아가고 있지만 하나님께서 은혜를 베풀어주셨기에 하나님의 형상이 가지는 가치관을 가지고 살아가고 있습니다. 이런 가치관을 통해 우리는 죄가 무엇인지 알게 되고, 하나님에 대해 알게 되고, 깨닫게 됩니다. 과연! 우리는 어떤 하나님 형상의 가치관으로 이 땅을 살아가야 할까요?

(26) 하나님의 영광을 증거하기 위해 계시의 말씀을 바르게 알아야 합니다. 그리고 그 말씀에 대한 증인으로서 하나님의 영광을 드러내는 하나님의 형상이 되어야 합니다

하나님께서는 에스겔에게 선지자로서 사명을 줍니다. 이때 '네 생물'과 관련된 네 가지 환상을 '네 얼굴', '네 날개', '손'과 '다리' 등과 관련하여 보여줍니다. 그리고 여호와의 영광과 관련된 '형상'을 계시합니다. '궁창 위에 보좌의 형상'과 '그 보좌의 형상 위에 한 형상'을 보여줍니다. 그런데 놀라운 것은 '그 형상'이 '사람의 모양' 같았습니다. 하나님은 '형상'을 가지고 있지 않습니다. 그럼에도 불구하고 하나님과 관련하여 '형상'을 증거하고 있습니다. 이것은 하나님의 속성을 말하는 것으로, '하나님의 거룩함'과 '존귀함' 등을 강조하고 있습니다. 문제는

'그 형상'이 "사람의 모양 같다"라고 하였습니다. 이것을 (겔 1:28)에서는 '여호와의 영광의 형상의 모양'이라고 말합니다.

'보좌의 형상'이 "사람의 모양 같더라"라는 장면은 (단 10:5)과 (계 1:13~15)의 내용과 유사합니다. 메시아가 이 땅에 오시는 것이 대속을 위한 '낮아지심'의 '비하'임에도 불구하고 이것이 '하나님의 영광'을 드러내는 것임을 계시하고 있습니다. 만약 에스겔이 '사람의 모양 같은' 모습을 보지 못했다면 하나님께서 죄인의 구원을 위해 펼칠 내용이 거짓되게 증거될 수 있었을 것이고, 잘못 증거될 수 있었을 것입니다.

에스겔의 환상 가운데 비쳤던 것처럼 우리는 말씀의 증인으로서 하나님의 영광을 증거해 내는 하나님의 형상이 되어야 합니다. 하나님의 실체를 증거하는 하나님 형상의 증인이 되어야 합니다. 그러기 위해서는 무엇보다 하나님께서 펼쳐주신 계시의 말씀을 바르게 알아야 합니다. 그리고 그 말씀에 대한 증인으로서 하나님의 영광을 드러내는 하나님의 형상이 되어야 합니다.

(27) 하나님 나라의 가치관을 세상 가운데 바르게 증거해 내는 증인의 길을 걷는 하나님의 형상이 되어야 합니다

'사람의 모양'을 하고 있는 '하나님의 형상'에 대해 에스겔은 또 하나 목격한 사실을 증거합니다. '허리 위의 모양'은 "단 쇠 같아서"라고 합니다. '단 쇠'를 통해 증거하고 있는 것은 하나님은 감히 사람의 육안으로는 바라볼 수 없는 분이라는 것을 강조하고 있습니다. (계 1:16)과 (17절)에 의하면 밧모섬에서 계시의 말씀을 받은 요한이 그리스도의 얼굴을 봤을 때 그 얼굴에서 '해가 힘 있게 비취는 것'을 보게 됩니다. 그 강력한 빛에 요한은 엎드러집니다. 하나님의 영광 앞에 죄악 된 영혼들은 쓰러질 수밖에 없습니다. 그리고 죄악이 가득한 흑암의 세상은 빛을 발하는 하나님의 영광 앞에 사라질 수밖에 없습니다.

세상과 온 우주는 하나님의 절대 주권에 의해 다스려집니다. 아무리 악한 세상이라도 하나님의 주관하심을 벗어날 수 없습니다. 하나님께서는 이런 악한 세상을 회복시키기 위해 '단 쇠'와 같은 모습으로 오실 것이며, 악함의 어둠을 물리치는 '광채'로서 악한 권세를 제거하고, 심판할 '불'로서 이 땅에 오실 것을 계시하고 있습니다. 세상은 '복음의 증인들'이 그리스도의 '광채'를 발하는 '복음'을 통해 '하나님 나라의 가치관'으로 바

뀌고 있습니다. 하나님께서 에스겔을 통해 계시해 준 것처럼 우리 또한 하나님 나라의 가치관을 세상 가운데 바르게 증거하는 증인의 길을 걷는 하나님의 형상이 되어야 합니다.

(28) 하나님의 살아계심과 하나님의 말하심 그리고 하나님의 위엄을 세상 가운데 증거할 뿐 아니라 그 일에 대해 순종하는 신앙의 자세로 반응하는 하나님의 형상이 되어야 합니다

장차 도래할 메시아를 계시하면서 그 메시아를 통해 일어날 일들을 '단 쇠'를 통해 깨달은 에스겔에게 중요한 것을 함께 계시해 줍니다. '사람의 모양'과 같은 '형상'의 사방에서 광채가 납니다. 그리고 광채의 모양이 마치 "비 오는 날 구름에 있는 무지개 같은" 모양을 하고 있습니다. '무지개'는 (창 9:13 이하)의 장면을 연상시키고 있습니다. 하나님께서 이스라엘 가운데 내리는 징계는 멸망을 목적으로 하고 있지 않습니다. 하나님을 향한 온전한 신앙으로 회복시키기 위한 목적을 가지고 있습니다. '무지개'는 이런 사실을 계시해 주고 있습니다.

하나님의 위엄 앞에 에스겔이 엎드립니다. 이 장면은 하나님의 위엄 앞에 사람은 대면하는 존재가 아니라 엎드리는 존재와 위치에 있다는 것을 알려줍니다. 그리고 "보고 엎드려"라는 장면은 지금까지 계시 되었던 일에 대해 "순종하겠습니다"라는 고백을 담고 있었습니다. 사명을 부여잡은 자로서 에스겔의 고백이었습니다. 우리 또한 하나님의 살아계심과 하나님의 일하심과 하나님의 위엄을 세상 가운데 증거하는 자가 되어야 합니다. 그리고 여기에 대해 에스겔처럼 순종하는 신앙으로 반응하는 하나님의 형상이 되어야 합니다.

(적용)

우리는 더 이상 죄악 가운데 놓인 형상이 아닙니다. 죄로부터 해방을 이룬 '하나님 나라 백성'으로서 '하나님의 형상'입니다. 흑암이라는 어둠의 세력 가운데 놓인 형상과 예수 그리스도를 구세주로 믿고, 구원에 이른 '하나님 나라 백성'이 된 '하나님의 형상'은 가치관이 다릅니다. 성경은 이런 우리를 가리켜 (출 6:5)에서는 '빼낸 자'라고 일컫고 있습니다. 이렇게 세움을 받은 우리는 그리스도를 담아내고, 그리스도를 닮은 '하나님의 형상'으로서 가치를 발해야 합니다.

말씀의 증인으로서 계시의 말씀을 바르게 알고, 그 말씀에 대한 바른 증인으로서 하나님의 영광을 드러내는 하나님의 형상이 되어야 합니다. 그리고 하나님 나라의 가치관을 세상 가운데 바르게 증거해 내는 복음의 증인의 길을 걷는 하나님의 형상이 되어야 합니다. 뿐만 아닙니다. 하나님의 살아계심과 하나님의 일하심과 하나님의 위엄을 세상 가운데 증거하며, 이 일에 대해 순종하는 신앙의 자세로 반응하는 하나님의 형상이 되어야 합니다.

[생각하며 나누는 시간]

1. 하나님은 어떤 분인가요?

2. 하나님은 나를 통해 무엇을 이루길 원하실까요?

3. 나는 어떤 신앙의 모습으로 세워져야 할까요?

하나님의 부르심 앞에(겔 2:1~7)

2:1 그가 내게 이르시되 인자야 네 발로 일어서라 내가 네게 말하리라 하시며

2:2 그가 내게 말씀하실 때에 그 영이 내게 임하사 나를 일으켜 내 발로 세우시기로 내가 그 말씀하시는 자의 소리를 들으니

2:3 내게 이르시되 인자야 내가 너를 이스라엘 자손 곧 패역한 백성, 나를 배반하는 자에게 보내노라 그들과 그 조상들이 내게 범죄하여 오늘까지 이르렀나니

2:4 이 자손은 얼굴이 뻔뻔하고 마음이 굳은 자라 내가 너를 그들에게 보내노니 너는 그들에게 이르기를 주 여호와의 말씀이 이러하시다 하라

2:5 그들은 패역한 족속이라 그들이 듣든지 아니 듣든지 그들 가운데에 선지자가 있음을 알지니라

2:6 인자야 너는 비록 가시와 찔레와 함께 있으며 전갈 가운데에 거주할지라도 그들을 두려워하지 말고 그들의 말을 두려워하지 말지어다 그들은 패역한 족속이라도 그 말을 두려워하지 말며 그 얼굴을 무서워하지 말지어다

2:7 그들은 심히 패역한 자라 그들이 듣든지 아니 듣든지 너는 내 말로 고할지어다

하나님의 부르심 앞에(겔 2:1~7)

　　에스겔이 환상 중에 하나님을 만난 사건을 다루고 있는 에스겔서는 크게 네 부분으로 내용이 전개됩니다. 첫 번째는 에스겔이 하나님으로부터 선지자로 부름을 받은 소명과 관련된 내용입니다. 두 번째는 유다의 심판과 관련된 내용입니다. 세 번째는 이방인들에 대한 심판이며, 네 번째는 이스라엘의 회복과 관련된 내용을 마른 뼈와 성전의 환상을 통해 전개하고 있습니다. 특히 이스라엘의 회복은 하나님의 징계가 멸망이 아니라 자신들을 새롭게 만들어가는 또 다른 하나님의 은혜였다는 것을 깨닫게 합니다.
　　우리는 영적으로, 육적으로 매우 혼탁한 시대를 살아가고 있습니다. 우리는 이런 시대 앞에 에스겔 선지자처럼 하나님으로부터 부름을 받은 자들입니다. 부름을 받은 자들에게 마땅히 나타나야 할 것이 있습니다. 하나님께서 하시는 말씀이 영적으로 들려야 합니다. "네 발로 일어서라 내가 네게 말하리라!" 하나님의 부르심 앞에 주어진 역할을 감당하기 위해 어떤 신앙의 모습으로 반응하는 자가 되어야 할까요?

(1~2) 하나님의 부르심 앞에 겸손한 자세를 취해야 하며 하나님의 음성을 정확하게 들으려는 영적인 열심을 겸비한 신앙의 모습을 가져야 합니다

하나님께서 포로 중에 있는 에스겔을 부르실 때 그를 향해 이렇게 말씀합니다. "인자야!" 하나님께서 에스겔을 '인자'로 호칭한 것은 두 가지 이유를 내포하고 있었습니다. 먼저, 사람의 존재와 가치를 '인자'를 통해 돌아보도록 합니다. 비록 에스겔이 선지자로 부름을 받았지만 그 또한 창조주 하나님 앞에 연약하고, 깨어지기 쉬운 질그릇과 같은 존재라는 것을 잊지 말도록 합니다. 두 번째는 '인자'라는 호칭을 통해 항상 하나님의 음성에 귀를 기울이고, 주목하는 자가 되도록 합니다. 에스겔은 여기에 대해 어떻게 반응했을까요? 하나님의 권능 앞에 아주

낮은 자세를 취합니다. 그리고 하나님의 말씀을 정확하게 듣기 위해 주목합니다.

우리도 에스겔처럼 하나님으로부터 부름을 받을 때가 있습니다. 이때 잊지 말아야 할 것이 있습니다. "내가 특별한 자가 되었구나!"라는 의식을 가지거나 '우쭐대는 자'가 되지 않아야 합니다. '나는 연약하고 항상 깨어지기 쉬운 존재'라는 것을 잊지 않아야 합니다. "나를 일으켜" 하나님께서 세우셨습니다. 하나님 앞에 겸손히 서야 합니다. "내 발로 세우시기로" 하나님의 일을 한다고 하면서 자신의 일을 도모하는데 열심을 내는 자가 되지 않아야 합니다. 하나님께서 명하신 것을 감당하도록 권세와 능력을 주신 분도 하나님입니다.

사명과 사역을 감당할 때 주신 권세와 능력으로 자신의 뜻을 세우고, 자신의 일을 도모하는 자는 하나님의 것을 도둑질하는 자입니다. 하나님께서 주신 권세와 능력입니다. 신앙의 겸손과 함께 하나님의 음성을 정확하게 들으려는 영적인 열심이 있어야 합니다. 이런 모습으로 하나님의 부르심 앞에 반응하는 영적인 성도가 되어야 합니다.

(3~5) 하나님의 부르심 앞에 자신의 처지와 형편을 먼저 생각하고 돌아보는 자가 아니라 나를 쓰시고자 하는 하나님의 뜻에 순복하는 종의 자세를 가지는 영적인 성도가 되어야 합니다

하나님께서는 에스겔을 부르시면서 이런 말씀을 합니다. "이스라엘 자손들이 여전히 내게 범죄하고 있다!" 이스라엘의 모습이 '패역한 백성'이었고, 하나님을 배반한 자의 모습을 하고 있었습니다. 이런 자들을 향해 에스겔을 선지자로 보내겠다고 말씀합니다. "내가 너를 그들에게 보내노니"라는 말씀 가운데는 에스겔에게 주어진 사명이 굉장히 힘들고, 무거운 짐이 된다는 것을 예고하고 있습니다. 그럼에도 불구하고 하나님께서는 에스겔로 하여금 이 사명을 능히 잘 감당할 수 있도록 능력을 주시겠다는 것을 말씀 가운데 내포하고 있습니다.

"너는 패역한 이스라엘 자손에게 가서 주 여호와의 말씀이 이러하시다 하라!" 에스겔 입장에서 선지자의 사명은 너무나도 무섭고, 떨리고, 긴장되었습니다. 심지어 포로 된 자들의 모습 속에는 삶의 포기와 함께 짐승의 본능과 같은 살기가 가득하였습니다. 이런 자들에게 하나님의 말씀이 "이러하시다"라고 증거하도록 합니다. 그리고 그들이 듣든지 아니 듣든지 그들 가운데 선지자가 있음을 알리도록 합니다. 여기서 에스겔이 취해야 할 자세는 오직 한 가지입니다. 하나님의 뜻에 순복하는 종의 자세입니다. 순복하는 종의 자세는 전능하신 하나님의 능력이 그 자리를 대신해 줍니다. 부족함은 채워주고, 능력이 없는 것은 충만함으로 응답하여 사역의 성취를 이루어갑니다.

(마 8:22)에 의하면 예수님께서 제자 중 한 사람에게 이렇게 말씀합니다. "죽은 자들이 그들의 죽은 자들을 장사하게 하고 너는 나를 따르라" 하나님의 부르심 앞에 자신의 처지와 형편을 돌아보는 자가 되지 않아야 합니다. 사명의 대상들이 패역한 족속이고, 강퍅하기 짝이 없는 마음이 굳은 자의 모습을 하고 있을지라도 전능하신 하나님이 이 모든 것들을 만들어갈 것입니다. 하나님의 부르심과 하나님의 뜻에 순복하는 종의 자세가 필요합니다. 여기에 순복하는 영적인 성도가 되어야 합니다.

(6~7) 하나님의 부르심 앞에 불가능의 환경을 말하고, 안 되는 것을 말하는 패배주의자가 아니라 세상을 향해 하나님의 뜻을 강력하게 펼쳐나가는 하나님의 말씀의 종이 되어야 합니다

하나님께서 에스겔에게 말씀합니다. "네가 여호와의 말씀으로 이스라엘 족속들 앞에 섰을 때 그들은 너에게 '가시'와

'찔레' 같이 극심하게 저항할 것이며, 그 저항이 '전갈'과 같아서 너의 목숨을 위협할 정도의 심각한 수준에 이를 것이다. 그러나 너는 그들을 두려워하지 말고, 무서워하지도 말라!" 심지어 하나님께서는 그들이 하나님의 말씀을 듣든지 아니 듣든지 에스겔로 하여금 주저함 없이 하나님의 사명을 감당하는 자가 되라고 말씀합니다. 하나님께서는 에스겔로 하여금 여호와를 의지함으로 이런 모든 난국을 정면 돌파하도록 합니다.

　　대적이 나에게 두렵고, 무서움으로 나타나는 것은 내가 바라보는 하나님이 대적의 모습보다 작게 보이고, 작게 느껴졌기 때문에 나타나는 현상입니다. 현실의 벽이 하나님보다 더 크게 보였고, 현실의 벽이 더 크게 느껴졌기 때문입니다. 왜! 이런 일이 벌어졌을까요? 그것은 두말할 필요 없이 하나님께서 에스겔 선지자에게 주신 말씀을 점검해 보면 그 해답을 찾을 수 있습니다. 하나님의 부르심 앞에 불가능의 환경을 말하고, 안 되는 것을 말하는 패배주의자는 하나님의 일하심에 쓰임을 받지 못합니다. 세상을 향해 하나님의 뜻을 강력하게 펼쳐나가는 하나님의 말씀의 종이 되어야 합니다. 이런 영적인 종을 하나님은 기뻐하고, 기억합니다.

(적용)

하나님으로부터 부름을 받고, 쓰임을 받는다는 것은 세상에서 말하는 화려한 자리에 앉고, 유명한 스타가 되는 자리에 앉는 것이 아닙니다. 그럼에도 불구하고 하나님으로부터 부르심을 받아 쓰임을 받는다는 것은 그 자체로서 얼마나 큰 영광인지 모릅니다. 하나님의 부르심 앞에 자신의 처지와 형편을 소설처럼 늘어놓지 말고, 나를 쓰시고자 하는 하나님의 뜻에 순복하는 종의 자세를 취하는 성도가 되어야 합니다. 전지전능하신 하나님께서 세상을 이기고, 환경을 이길만한 능력을 함께 줍니다.

세상을 향해 하나님의 뜻을 강력하게 펼쳐나가야 합니다. 그런 나를 하나님께서는 세상 가운데 우뚝 세워 증인 삼을 것입니다. 오늘도 나를 쓰시고자 하는 하나님의 음성에 귀를 기울이는 성도, 하나님의 부름 앞에 충성된 자세를 취하는 성도, 하나님이 보시기에 좋았더라의 모습을 통해 하나님께 영광을 올려드리기를 기뻐하는 영적인 성도가 되어야 합니다.

[생각하며 나누는 시간]

1. 하나님은 어떤 분인가요?

2. 하나님은 나를 통해 무엇을 이루길 원하실까요?

3. 나는 어떤 신앙의 모습으로 세워져야 할까요?

일어나야 합니다 (겔 5:1~4)

5:1 너 인자야 너는 날카로운 칼을 가져다가 삭도로 삼아 네 머리털과 수염을 깎아서 저울로 달아 나누어 두라
5:2 그 성읍을 에워싸는 날이 차거든 너는 터럭 삼분의 일은 성읍 안에서 불사르고 삼분의 일은 성읍 사방에서 칼로 치고 또 삼분의 일은 바람에 흩으라 내가 그 뒤를 따라 칼을 빼리라
5:3 너는 터럭 중에서 조금을 네 옷자락에 싸고
5:4 또 그 가운데에서 얼마를 불에 던져 사르라 그 속에서 불이 이스라엘 온 족속에게로 나오리라

일어나야 합니다(겔 5:1~4)

　　B.C. 605년에 이어 B.C. 597년 바벨론의 두 번째 포로 가 되어 끌려온 무리들이 그발 강 가에서 정착촌을 형성하며 살아갑니다. 사로잡힌 지 오 년이 되던 B.C. 593년이었습니다. 하나님께서는 부시의 아들 에스겔에게 유다가 하나님의 심판을 받아 멸망에 이를 수밖에 없는 근본적인 원인을 계시해 줍니다. 그 원인은 하나님을 향한 '선민의 정체성'을 잃어버렸음이며, 여호와 하나님을 향한 신앙의 변절과 타락이었습니다.

　　나라가 어려움에 처해 있습니다. 우리는 나라의 현실을 돌아보면서 하나님께서 에스겔을 통해 알게 하신 것처럼 우리에게 알게 하신 것이 있습니다. 나라의 모습을 돌아보면서 에스겔처럼 영적으로 바르게 깨달아야 할 것이 있습니다. 우리는 신앙으로 일어나야 합니다. 나라와 민족을 향해 교회와 성도가 신앙으로 일어나야 합니다. 우리는 과연! 어떤 모습의 신앙으로 일어나서 나라와 민족을 바르게 이끌어가야 할까요?

(1) 나라와 민족을 향해 불의를 말하기 전에 먼저 자신의 율법적이고, 형식적인 신앙의 틀을 깨뜨려야 합니다. 그리고 정의롭고, 공의로운 모습으로 신앙을 바르게 세워나가는 영적인 개혁을 일으켜야 합니다

하나님께서는 에스겔로 하여금 상징적인 행동을 통해 이스라엘의 패망과 이스라엘을 향한 하나님의 뜻을 알립니다. 첫 번째는 예루살렘의 포위 장면을 토판을 가져다가 그 위에 그림을 그려 알도록 합니다. 두 번째는 에스겔로 하여금 거리에 누워서 지내도록 합니다. 그가 거리에 누운 날 수를 계수합니다. '390' 일입니다. 이 날 수를 통해 B.C. 970년 솔로몬으로부터 시작하여 이스라엘이라는 나라가 하나님을 향해 불신앙의 길을 걸어온 년 수를 말하고 있었습니다.

세 번째는 인분을 연료로 사용하여 '부정한 떡'을 먹도록 합니다. 하나님께서 선지자들을 일으켜 회개하도록 기회를 줬음에도 불구하고 이스라엘은 이것을 거부합니다. 인분으로 만든

'부정한 떡'을 먹도록 한 것은 이로 인해 일어날 재앙을 나타내고 있습니다. 네 번째는 에스겔에게 '터럭'인 '머리털'과 '수염'을 밀도록 합니다. 제사장은 여호와를 향한 헌신의 표시를 몸에 간직하기 위하여 '머리털'과 '수염'을 자르는 것을 엄격하게 금지하고 있었습니다. 이런 '터럭'을 깎도록 합니다. 하나님께서는 이 과정을 통해 에스겔로 하여금 하나님의 뜻을 이루기 위해 수치를 마다하고 고난의 길을 걷는 종이 되도록 명합니다. 그리고 이것을 '저울'에 달아 나누도록 합니다.

'저울'은 (레 19:36)에 의하면 공정함의 역할을 감당합니다. 공의의 저울 위에 (레 21:5)에서 엄격하게 금지하였던 '제사장의 머리털과 수염'을 깎아 올리도록 합니다. 이것은 에스겔로 하여금 형식에 매이지 말고, 영적으로 깨어 일어나 자신을 공의롭게 세우라는 것입니다. 하나님의 심판의 엄정함과 함께 제사장으로서 취해야 할 형식적인 모습보다 앞서야 할 것이 있다는 것을 깨닫도록 합니다. 영적인 책임과 하나님의 뜻을 이루기 위한 근본적인 모습을 비춰보도록 합니다.

우리의 모습을 돌이켜봅시다. 형식적이고, 율법적인 신앙의 형틀이 나라와 민족을 영적으로 병들게 하는 원인이 되고 있습니다. 나라와 민족의 문제를 말하기 전에 자신이 먼저 하나님을 향해 율법적인 신앙으로 서 있는지, 형식적인 '썬 데이 그리스도인'의 신앙관으로 세워져 있는지, 영적으로 자신을 돌이켜 보는 영적인 개혁이 교회와 성도 가운데 먼저 일어나야 합니다. 자신이 영적으로 병들어 있는데 어떻게 나라와 민족의 불의를 지적할 수 있습니까! 자신의 모습을 정의롭고, 공의로운 모습으로 바르게 세우는 영적 개혁을 일으켜야 합니다.

(2) 하나님께 죄를 짓고도 그 죄를 알지 못하고 있는 나라와 민족을 향해 제2의 영적 종교개혁을 일으키는 일에 앞장서야 합니다

하나님께서는 에스겔 선지자에게 '터럭'을 삼등분하여 '삼분의 일'은 성읍 안에 불사르도록 합니다. 또 다른 '삼분의 일'은 성읍 사방에서 칼로 치고, 남은 '삼분의 일'은 바람에 흩으라고 말씀합니다. 이것이 무엇을 상징하는지 (겔 5:12)은 답을 줍니다. 첫 번째 '삼분의 일'은 전염병에 죽고 기근에 멸망할 것을 예고 합니다. 두 번째 '삼분의 일'은 이스라엘이 칼에 엎드려질 것을 계시합니다. 그리고 마지막 '삼분의 일'은 사방에 흩어질 것을 상징합니다.

하나님께서 에스겔에게 계시해 준 예언의 말씀대로 이스라엘의 남쪽인 유다는 (왕하 25:2)에 의하면 시드기야 왕 재위

제11년인 B.C. 586년 바벨론에 의해 포위됩니다. 이로 인해 예루살렘성에 있던 백성들은 질병과 기근으로 죽어갑니다. 그리고 바벨론의 칼에 의해 잔혹하게 죽임을 당하고, 예루살렘은 불태워집니다. 살아남은 자들은 비참한 모습으로 낯설고, 물선 곳에 포로로 끌려갑니다.

고난과 환난을 통해 하나님의 일하심을 돌아볼 수 있어야 합니다. 나라와 민족의 어려움을 통해 징계만을 바라보는 것이 아니라 하나님께서 열어주신 복음의 장막을 펼칠 기회를 영적으로 바라볼 수 있어야 합니다. 하나님께서 열어주신 복음을 펼칠 기회입니다. 교회와 성도들은 거짓되고, 이단과 사이비가 판을 치고, 불의와 부정, 음란이 판을 치는 이 시국을 향해 '영적 시국'을 선언해야 합니다. 그리고 나라와 민족을 일깨워야 합니다. 하나님께서 주신 기회를 놓치면 이 나라, 이 민족은 더 이상 소망이 없습니다. 나라와 민족을 향해 제2의 영적 종교개혁을 일으키는 일에 앞장서는 교회와 성도가 되어야 합니다.

(3~4) 하나님 앞에 불의한 자신들의 모습을 돌아보게 하며, 자신들의 죄를 회개하는 대 회개운동을 불러일으키며 다시 오실 주님의 길을 예비하는 영적인 교회와 성도가 되어야 합니다

예루살렘이 불타고, 바벨론의 포로 가운데 놓인 고난을 '터럭'과 '세 등분'의 비유로 말씀합니다. 그리고 한 줌도 안 되는 '조금은'이라는 단어를 사용하여 두 고난을 통해 최종적으로 '남을 자들'에 대해 말씀합니다. '조금은'과 '얼마를'이라는 단어는 심판의 와중에도 은혜를 베푸시는 하나님의 긍휼하심을 바라볼 수 있게 합니다. 그리고 '얼마를' 불에 던져 사르도록 합니다. "불이 이스라엘 온 족속에게로 나오리라" 또 다른 고난인 바벨론의 포로 생활에서 진정으로 '남은 자'가 구별될 것을 계시합니다.

하나님은 하나님을 향한 죄를 살짝 태워서 끝내는 것이 아니라 끝까지 태웁니다. 죄를 짓고도 죄를 알지 못하는 자는 더 큰 아픔을 당하게 됩니다. 우리는 스스로가 얼마나 음란하고, 얼마나 타락했는지 그 주소를 제대로 파악하지 못하고 있습니다. 하나님 앞에 불의한 자신들의 죄를 돌아보도록 대 회개운동을 불러일으켜야 합니다. 여기에 대해 우리는 (요 1:8)에서 말씀하고 있는 것처럼, 빛에 대해 증언하는 자들이 되어야 합니다. 그리하여 세례 요한처럼 다시 오실 주님의 길을 예비하는 교회와 성도가 되어야 합니다.

(적용)

이단과 사이비와 같은 사탄의 무리로부터 이 나라와 이 민족을 지켜내야 합니다. 나라와 민족이 바로 설 수 있도록 '영적 시국'을 선언해야 합니다. "회개하라 천국이 가까이 왔느니라!" 그리고 나라와 민족 가운데 '대 회개운동'이라는 제2의 영적인 종교개혁을 불러일으켜야 합니다. 불의와 부정 그리고 부패와 타락이 만연함에도 불구하고 이것을 돌아보지 않고 나라의 부강함을 자랑하던 북이스라엘의 여로보암 2세에 대해 하나님은 모든 것을 기억하셨고, 기록하고 계셨습니다. 결론은 영광이 아니었습니다. 처참하게 무너지고, 짓밟히는 심판이었습니다. 남쪽인 유다의 실태는 어떻습니까? 하나님 앞에 불의했던 여호아하스, 여호야김, 여호야긴, 시드기야의 공통점은 예루살렘이 침공당하고 포로로 끌려가는 비참의 연속이었습니다.

'영적 시국'을 선언해야 합니다. 나라와 민족을 향해 교회와 성도가 신앙으로 일어나야 합니다. 하나님을 향한 신앙으로 바로 서지 못하면 나라와 민족은 미래가 없다는 것을 직시하도록 해야 합니다. 물론 법과 제도도 중요합니다. 그러나 그것보다 더 우선되어야 할 것은 죄의 근원을 해결하는 것입니다. 형식과 율법의 신앙을 깨뜨리고 영적으로 일어나야 합니다. 그리고 나라와 민족을 예수 그리스도의 십자가 복음으로 일으켜 세워야 합니다.

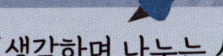
[생각하며 나누는 시간]

1. 하나님은 어떤 분인가요?

2. 하나님은 나를 통해 무엇을 이루길 원하실까요?

3. 나는 어떤 신앙의 모습으로 세워져야 할까요?

증인의 입술이 되자 (겔 7:5~9)

7:5 주 여호와께서 이같이 이르시되 재앙이로다, 비상한 재앙이로다 볼지어다 그것이 왔도다

7:6 끝이 왔도다, 끝이 왔도다 끝이 너에게 왔도다 볼지어다 그것이 왔도다

7:7 이 땅 주민아 정한 재앙이 네게 임하도다 때가 이르렀고 날이 가까웠으니 요란한 날이요 산에서 즐거이 부르는 날이 아니로다

7:8 이제 내가 속히 분을 네게 쏟고 내 진노를 네게 이루어서 네 행위대로 너를 심판하여 네 모든 가증한 일을 네게 보응하되

7:9 내가 너를 불쌍히 여기지 아니하며 긍휼히 여기지도 아니하고 네 행위대로 너를 벌하여 너의 가증한 일이 너희 중에 나타나게 하리니 나 여호와가 때리는 이임을 네가 알리라

증인의 입술이 되자(겔 7:5~9)

선지자로 부름을 받은 에스겔에게 하나님의 음성이 계속해서 들립니다. 우상숭배에 대한 심판과 하나님을 향한 가증스러운 불신앙의 모습이 심판을 불러일으킬 것이며, 이것이 이스라엘 가운데 역사할 것을 계시합니다. 너무나도 끔찍스러운 것은 1차 포로(B.C. 605)와 2차 포로(B.C. 597)와는 비교가 되지 않는 환란이 기다리고 있었습니다. 곧 단행될 사건은 앞섰던 포로 사건과는 차원이 달랐습니다. 멸망이 예고 되고 있었습니다.

우리는 나라와 민족의 현실을 돌이켜봐야 합니다. 그리고 세상 가운데 펼쳐지는 타락 앞에 위기를 느껴야 합니다. 하나님의 경고의 음성이 들리고 있습니다. 이 시대를 영적으로 깨우지 않으면 장차 큰 환란 가운데 놓이게 될 것입니다. 이 땅에 세워진 교회들은 하나님의 계시의 음성을 들어야 합니다. 그리고 이 시대를 향해 하나님의 계시를 증거하는 증인이 되어야 합니다. 우리는 이 시대 앞에 어떤 증인의 입술이 되어야 할까요?

(5~6) 죄에 대해 영적으로 무디고, 만연해져 있고, 안일함에 빠져 있는 세상에 대해 하나님의 심판이 임박했다는 말씀과 함께 회개를 촉구하는 증인의 입술이 되어야 합니다

바벨론에 포로로 끌려간 지 5년이 되었지만 여전히 하나님 앞에 죄악 된 모습을 하고 있는 이스라엘을 돌아보게 합니다. 죄악의 길을 계속해서 걷고 있음에도 불구하고 이것을 깨닫지 못하고 있습니다. 여전히 세속적인 것이 접목을 이룹니다. 우상적 요소를 담고 있는 가증스런 모습이 요소요소에서 발견됩니다. 이런 이스라엘에게 기다려지는 것은 1, 2차 침공의 충격을 넘어서는 패망이었습니다. 하나님께서는 '그발 강 가'에 있는 에스겔에게 이것을 계시합니다. "끝이 왔도다"라는 심판의 임박성을 알리는 말을 세 번이나 반복하며 이를 증거합니다. 심판이 올 수도 있다는 가능성을 말하는 것이 아닙니다. '완료시제'를 사용하여 확실하게 임할 것을 계시합니다.

하나님께서 에스겔에게 이스라엘의 멸망을 계시해 주고 있는 것은 한 가지의 뜻을 이루기 위해서입니다. 죄에 대해 무디고, 영적 안일함에 빠져 있는 이스라엘을 영적으로 깨우기 위해서입니다. 에스겔로 하여금 증인의 입술이 되어 백성들을 회개의 길로 이끌도록 하기 위해서입니다. 하나님께서 회개를 촉구할 때는 공의에 따른 값만 있는 것이 아닙니다. 회개를 통한 회복이 기다려진다는 것을 말하고 있습니다. 우리는 세상을 향해 임박한 심판을 증거해야 합니다. 그리고 여기에 대해 답을 내어 놓는 계시의 증인이 되어야 합니다. 답은 회개입니다. 죄에 대해 영적으로 무디고, 만연해져 있고, 안일함에 빠져 있는 세상에 대해 하나님의 심판이 임박했다는 말씀과 함께 회개를 촉구하는 증인의 입술이 되어야 합니다.

(7) 거짓된 논리와 세상의 안일함에 도취 되어 있는 영혼들에 대해 그 값을 물으시는 하나님의 심판을 바르게 증거해야 합니다. 그리고 세상의 영혼들로 하여금 자신의 허구함와 실체를 돌아볼 수 있도록 진리를 바르게 비쳐내는 거울과 같은 증인의 입술이 되어야 합니다.

에스겔은 '재앙'이 임박한 것을 '때'와 '날'을 통해 두 가지를 증거합니다. 하나는 "그날은 요란한 날이 될 것"을 증거합니다. 또 하나는 "즐거이 부르는 날이 되지 않을 것"을 증거합니다. 죽음의 공포와 환란에 따른 절망의 탄식을 예고하고 있습니다. (렘 4장)에 따르면 동시대에 활동했던 예레미야 선지자가 심판을 증거하면서 회개를 촉구합니다. 이런 예레미야를 기득권 세력들은 어떻게 했나요? (렘 18:18 이하)에 보면 그를 죽이려 합니다. 그리고 (렘 28장)에 의하면 거짓 선지자 '하나냐'와 같은 자들은 정치권력과 야합하여 선지자를 훼방합니다. 심지어 이스라엘의 마지막 왕이 될 시드기야는 예레미야를 옥에 가두기까지 합니다.(렘 37:11 이하) 이들은 세상이 만들어내는 미혹의 소리에 하나님의 계시를 덮어버립니다.

죄악 된 세상이 우리를 향해 풍요를 약속하고 높은 권세와 권위를 보장해 줄지라도 그것을 용납하는 '신앙 팔이'가 되어서는 안 됩니다. 마귀가 '천하만국'과 '영광'으로 유혹할 때 예수님께서는 말씀으로 허상을 물리쳤습니다.(마 4:8~10) 세상에서 만들어내는 결실에 환호하면서 더 많은 것을 얻으려는 욕심에 영혼이 팔리지 않아야 합니다. 거짓된 논리와 세상의 안일함에 도취 되어 있는 영혼들에 대해 그 값을 물으시는 하나님의 심판을 바르게 증거해야 합니다. 그리고 세상의 영혼들로 하여금 자신의 허구함의 실체를 돌아볼 수 있도록 에스겔처럼 진리를 바르게 비쳐내는 거울과 같은 증인의 입술이 되어야 합니다.

(8~9) 하나님을 경외하지 않는 죄악 된 세상은 하나님의 진노의 칼날을 면치 못한다는 것과 함께 인간의 본연의 자리가 하나님을 예배하는 것에 있다는 것을 굽힘 없이 증거하는 증인의 입술이 되어야 합니다

보응하시는 하나님은 행위대로 그 값을 물으십니다. (계 20:13)은 "그 행한대로 심판을 받는다"라고 말씀하고 있습니다. 보응하시는 하나님은 편견이 없습니다. 공의로 그 값을 물으시기 때문에 피할 길이 없습니다. 하나님의 공의는 하나님의 창조 목적과 긴밀하게 연결되어 있습니다. 만물은 어떤 것도 예외 없이 하나님의 창조 목적을 가지고 있습니다. 하나님께서 인간을 창조하신 가장 중요한 목적은 '하나님을 예배'하는 것에 있습니다. 하나님 외에 어떤 것도 예배 대상이 될 수 없습니다. 왜냐하면! 하나님 외에 모든 것은 피조이며, 경배의 대상이 될 수 없기 때문입니다. 결국은 경배를 마귀가 종합적으로 받게 되는 결론에 이릅니다.

이스라엘이 분열 왕국이 된 역사와 패망에 이르게 된 근거에는 하나님을 온전하게 예배하지 못한 원인이 작용하고 있었습니다. 우상숭배는 하나님의 창조 목적을 무너뜨리는 행위였으며, 하나님의 공의를 짓밟는 행위였고, 하나님을 모독하는 행위였습니다. 이런 행위를 자행하는 이스라엘을 하나님께서 보응합니다. 그 값은 멸망에 이르는 심판이었습니다. 이처럼 하나님을 경외하지 않는 죄악 된 세상은 하나님의 진노의 칼날을 면치 못합니다. 하나님으로부터 불쌍히 여김을 받지 못하며, 하나님의 긍휼하심을 이끌어내지 못합니다. 하나님의 창조 목적에 따른 우리의 본연의 자리는 하나님을 예배하는 것에 있습니다. 이것을 굽힘 없이 세상을 향해 증거하는 증인의 입술이 되어야 합니다.

(적용)

이스라엘의 역사 가운데 단행된 B.C. 586년의 사건은 충격 그 자체였습니다. 그런데 원인을 좇아가다 보면 하나님을 향해 불의하고, 불신앙에 빠져 있는 이스라엘을 만나게 됩니다. 변명할 여지가 보이지 않습니다. 하나님을 향한 예배가 예배되지 못하게 만든 혼합적인 예배는 하나님의 창조 목적을 무너뜨리고 있었습니다. 하나님으로부터 용서받지 못할 제목이 됩니다. 우리는 나라와 민족 가운데 그리고 세상 가운데 세 가지에 대해 증인의 입술이 되어야 합니다.

첫 번째는 죄악을 향한 하나님의 심판의 필연성과 회개를 촉구하는 증인의 입술이 되어야 합니다. 두 번째는 세상을 향해 진리를 바르게 비쳐내는 거울과 같은 증인의 입술이 되어야 합니다. 세 번째는 하나님을 예배하는 것이 인간 본연의 자리임을 굽힘 없이 증거하는 증인의 입술이 되어야 합니다. 어떤 증인의 입술이 되느냐가 참으로 중요합니다. 진실한 증인은 (잠 21:28)의 말씀처럼 패망하는 거짓 증인의 말과 달리 그 말에 힘이 있습니다. 하나님께서 증언하는 그 말에 권세와 능력을 더하여 줍니다. 창조주이시고, 만물에 대해 친히 주관하시는 하나님, 찬양과 존귀와 영광을 받기에 합당하신 하나님을 세상 가운데 바르게 증거하는 증인의 입술이 되어야 합니다.

[생각하며 나누는 시간]

1. 하나님은 어떤 분인가요?

2. 하나님은 나를 통해 무엇을 이루길 원하실까요?

3. 나는 어떤 신앙의 모습으로 세워져야 할까요?

어떤 가치관으로 살아갈 것인가 (겔 7:10~13)

7:10 볼지어다 그 날이로다 볼지어다 임박하도다 정한 재앙이 이르렀으니 몽둥이가 꽃이 피며 교만이 싹이 났도다
7:11 포학이 일어나서 죄악의 몽둥이가 되었은즉 그들도, 그 무리도, 그 재물도 하나도 남지 아니하며 그 중의 아름다운 것도 없어지리로다
7:12 때가 이르렀고 날이 가까웠으니 사는 자도 기뻐하지 말고 파는 자도 근심하지 말 것은 진노가 그 모든 무리에게 임함이로다
7:13 파는 자가 살아 있다 할지라도 다시 돌아가서 그 판 것을 얻지 못하리니 이는 묵시가 그 모든 무리에게 돌아오지 아니하고, 사람이 그 죄악으로 말미암아 자기의 목숨을 유지할 수 없으리라 하였음이로다

어떤 가치관으로 살아갈 것인가 (겔 7:10~13)

유다 백성들은 자신들이 하나님께 얼마나 불의한 모습으로 서 있는지 돌아보지 않습니다. 놀라운 것은 자신들은 하나님을 향해 정로(正路)에 서 있다고 자신하고 있습니다. 여기에 더하여 하나님께서는 성전이 있는 예루살렘이 파멸되도록 내버려두지 않을 것이라고 굳게 믿고 있었습니다. 그러나 그것은 그들의 생각일 뿐입니다. 불의한 그들의 모습은 멸망을 불러오기에 충분했습니다. 자신들의 잘못된 확신과 착각은 하나님 앞에 오히려 더 큰 화를 초래합니다. 잘못된 신앙의 가치관이 자신들을 오류에 몰아넣고 있었습니다.

영적으로 혼탁할 뿐만 아니라 타락이 판을 치고 있는 혼미한 시대를 우리는 살아가고 있습니다. 이 시대 앞에 우리는 어떤 가치관으로 자신을 세워야 영적으로 혼탁하고, 혼미한 시대 앞에 무너짐을 당하지 않을까요? 하나님께서 에스겔 선지자를 통해 주신 말씀으로 이 시대와 우리 자신을 조명해 봐야 합니다. 그리고 어떤 가치관으로 자신을 세워야 하는지 돌아봐야 합니다.

(10~11) 하나님께서 오늘도 나를 사용하여 주시는 것을 감사히 여기는 신앙의 가치관으로 교만이 자신의 신앙을 무너뜨리지 못하도록 해야 합니다

환상 가운데 하나님으로부터 계시의 말씀을 들었던 에스겔 선지자는 흥미로운 예언을 합니다. 자신들을 포로로 끌고 온 바벨론에 관한 두 가지 예언이었습니다. 첫 번째는 바벨론이 이스라엘에 대해 하나님의 '몽둥이'로 사용될 것을 예언합니다. 바벨론이 이스라엘을 침공하는 것은 하나님 앞에 불신앙과 불의를 행하는 이스라엘을 영적으로 깨우기 위한 '몽둥이'로써의 역할이었습니다. 두 번째는 '몽둥이에 꽃이 피었다'는 것을 예언합니다. '몽둥이'에 '꽃'이 피고 싹이 났다는 것은 자신을 향한 하나님의 목적을 잊어버린 상태, 즉 '교만'이 최고조에 달한 모습을 보여주고 있습니다.

　(단 3:1~7)에 보면 하나님의 징계의 도구로 사용되었던 바벨론의 느부갓네살 왕은 자신을 스스로 신의 위치에 올려놓고 자신을 숭배할 금 신상을 만듭니다. 하나님께서는 하나님의 뜻을 역행하는 가치관으로 세워진 '죄악의 몽둥이'는 어떤 것도 남기지 않고 쓸어버릴 것을 말씀합니다. 이 말씀대로 (대하 36:22 이하)에 의하면 바벨론은 메데.바사의 연합국을 이끌었던 고레스에 의해 패망합니다. 자신이 하나님께 어떻게 쓰임을 받았는지 알지 못하는 교만으로는 영광을 누리지 못합니다. 가치는 고사하고 존재조차 알 수 없을 정도로 불태워지고, 사라집니다. 역사적 사건은 이것을 증명하고 있습니다. 하나님께서 오늘도 나를 사용하여 주시는 것에 대해 항상 감사하는 신앙으로 인본적인 교만이 자리 잡지 못하도록 자신의 신앙을 건강하게 지켜내야 합니다.

(12) 셈을 따지는 세상 방식의 가치관에 사로잡혀 영적 흑암 가운데 머물지 않도록 하나님 말씀 안에서 나온 가치관으로 자신을 세워나가는 신앙의 자세를 가져야 합니다

에스겔 선지자는 세상이 주는 매매에 따른 기쁨과 근심도 비켜 갈 수 없는 것이 심판이라는 것을 명심하도록 합니다. 토지를 헐값에 샀다고 기뻐하거나 헐값에 팔았다고 한탄하는 세상의 셈에 좌우되는 어리석은 가치관에 사로잡히지 말도록 합니다. 우리가 살아가는 세상은 내가 살아가지만 그 삶을 허락하신 분은 하나님입니다. 하나님은 지금도 동일하게 만물에 대해 주관하고 계시며, 여전히 화복 또한 주관하고 계십니다. 세상 가운데 스스로 생성된 물질은 하나도 없습니다. 우리가 세상에서 때와 날을 살아가고 있지만 세상(세속)이 원하는 방식과 흐름의 날을 살아가는 자가 되어서는 안 됩니다.

세상 가운데서 지위를 얻고, 물질을 구하고, 얻을 때도, 세상에 속한 방식이 아니라 하나님 말씀 안에서 나온 방식과 가치관으로 모든 것을 구하고 얻는 자가 되어야 합니다. 하나님의 말씀 안에서 나온 방식과 가치관은 세상 방식에서 얻을 수 있는 만족과 기쁨을 넘어섭니다. 신앙과 삶에 있어서 잘못된 가치관은 하나님의 분노를 일으키게 될 것이라고 에스겔 선지자는 증거합니다. 셈을 따지는 세상 방식의 가치관에 사로잡혀 영적 흑암 가운데 머물지 않도록 해야 합니다. 오늘도 하나님은 조화로움을 통해 신앙 가운데 달려가는 우리를 격려하고 있고, 복되게 만들어가고 계십니다. 세상 방식의 셈으로 얻어진 만족과 기쁨은 잠시뿐입니다. 하나님 말씀 안에서 나온 가치관으로 자신을 세워나가는 신앙의 자세가 복이 있습니다.

(13) 타락한 세속의 가치관이 주는 만족을 추구하며 살아가기보다 하나님의 법 안에서 살아가는 신앙의 가치관으로 세상을 이겨나가야 합니다

　에스겔 선지자는 유다의 불신앙에 따른 죄악으로 인해 심판의 날이 확정되었음을 알립니다. 당할 멸망의 심판은 하나님의 타오르는 분노가 폭발하는 날이 될 것이며 단 한 사람도 이 분노를 피할 수 없다는 것을 잊지 말도록 합니다. 살아남은 자라 할지라도 모든 것을 잃어버릴 것이며 그 죄악으로 인해 자기 목숨을 유지할 수 없을 것이라고 경고합니다. 이스라엘 백성들은 여호와 하나님의 뜻을 거스르는 자신들의 그릇된 가치관이 하나님의 진노를 격발시키고 있다는 것을 알지 못합니다. 과거에도 그렇게 해왔던 것처럼 우상숭배적 삶을 살아가면서 이것을 아무렇지 않게 여기는 신앙의 마비 상태에 놓여 있었습니다.
　세속의 가치관이 주는 만족은 반드시 탐심과 탐욕을 잠에서 깨우고, 부르게 됩니다. (눅 16장)의 부자는 왜! 지옥의 고통 가운데 던져졌을까요? 물질이 문제가 있었기 때문이 아닙니다. 물질에 대한 탐심과 불의로 그는 지옥에 던짐을 당한 것입니다. 반면 거지 나사로는 불의한 물질을 취하며 타락한 세속의 가치관에서 자신의 만족을 구하지 않았습니다. 하나님의 법 안에서 살아갔습니다. 그는 하나님을 향한 신앙의 가치관으로 세속의 가치관을 물리친 하나님이 기뻐하는 신앙인이었습니다. 타락한 세속의 가치관이 주는 만족보다 하나님의 법 안에서 선택한 신앙의 가난은 가난으로 끝나지 않습니다. 하나님의 속성은 이것을 허락하지 않습니다. 최고의 상급이 기다려집니다. 오늘도 하나님의 법 안에서 신앙의 가치관으로 세상을 이겨나가는 삶을 살아가야 합니다.

(적용)

자신이 어떤 가치관 속에 세워졌는지 돌아보는 것은 매우 중요합니다. 왜냐하면 이 가치관이 자신의 전부를 바꿀 수 있기 때문입니다. 세속의 가치관 속에 살아가는 삶은 하나님을 돌아보지 못하게 만듭니다. 자신의 진정한 가치 또한 발견하지 못하고 결국은 세속의 노예가 되어버립니다. 이런 가치관 속에 불행의 삶을 살아가게 됩니다.

하나님을 향한 신앙의 가치관으로 자신을 세워나갈 때 살

살아계신 하나님, 전능하신 하나님이 믿음으로 보입니다. 이런 나를 하나님께서 존귀하게 만들어간다는 것이 영적으로 느껴집니다. 하나님을 향한 신앙의 가치관은 자신의 미래에 큰 영향을 끼치게 됩니다. 오늘도 하나님을 향한 신앙의 가치관으로 자신을 굳건하게 세워나가는 복 있는 자가 되어야 합니다.

[생각하며 나누는 시간]

1. 하나님은 어떤 분인가요?

2. 하나님은 나를 통해 무엇을 이루길 원하실까요?

3. 나는 어떤 신앙의 모습으로 세워져야 할까요?

신앙을 개혁하자 (겔 8:5~13)

8:5 그가 내게 이르시되 인자야 이제 너는 눈을 들어 북쪽을 바라보라 하시기로 내가 눈을 들어 북쪽을 바라보니 제단문 어귀 북쪽에 그 질투의 우상이 있더라

8:6 그가 또 내게 이르시되 인자야 이스라엘 족속이 행하는 일을 보느냐 그들이 여기에서 크게 가증한 일을 행하여 나로 내 성소를 멀리 떠나게 하느니라 너는 다시 다른 큰 가증한 일을 보리라 하시더라

8:7 그가 나를 이끌고 뜰 문에 이르시기로 내가 본즉 담에 구멍이 있더라

8:8 그가 내게 이르시되 인자야 너는 이 담을 헐라 하시기로 내가 그 담을 허니 한 문이 있더라

8:9 또 내게 이르시되 들어가서 그들이 거기에서 행하는 가증하고 악한 일을 보라 하시기로

8:10 내가 들어가 보니 각양 곤충과 가증한 짐승과 이스라엘 족속의 모든 우상을 그 사방 벽에 그렸고

8:11 이스라엘 족속의 장로 중 칠십 명이 그 앞에 섰으며 사반의 아들 야아사냐도 그 가운데에 섰고 각기 손에 향로를 들었는데 향연이 구름 같이 오르더라

8:12 또 내게 이르시되 인자야 이스라엘 족속의 장로들이 각각 그 우상의 방 안 어두운 가운데에서 행하는 것을 네가 보았느냐 그들이 이르기를 여호와께서 우리를 보지 아니하시며 여호와께서 이 땅을 버리셨다 하느니라

8:13 또 내게 이르시되 너는 다시 그들이 행하는 바 다른 큰 가증한 일을 보리라 하시더라

신앙을 개혁하자 (겔 8:5~13)

하나님께서는 에스겔에게 성전과 관련된 환상을 보여주면서 이스라엘의 영적 상태를 확인시켜 줍니다. 거룩이 유지 보존되어야 할 성전에 눈을 씻고 봐도 거룩은 찾아볼 수 없습니다. 성전이 제 기능과 역할을 하지 못하고 있습니다. 성전이 하나님의 임재를 말하는 것이 아니라 악한 것들로 가득 찬 마귀의 놀이터가 되어 있습니다.

에스겔이 성전의 안뜰로 들어갑니다. '북향한 문'에 이릅니다. 성전임에도 불구하고 하나님의 영광이 보이지 않습니다. 오히려 '질투의 우상'이 자리하고 있는 것을 봅니다. 하나님의 성전이 우상들을 위한 신전이 되어 있습니다. 신앙이 가증한 모습이 되면 하나님의 공의는 징벌과 심판으로 그 값이 작동합니다. 사람이 아무리 속여도 하나님은 속일 수 없습니다. 신앙이 가증한 모습을 담아내지 않도록 자신의 신앙을 개혁시켜야 합니다. 신앙의 가증함이 자신의 내면에 자리하지 못하도록 자신의 신앙을 어떻게 개혁시켜야 할까요?

(5~6) 자신의 내면에 우상숭배의 가증한 요소가 잠재하고 있다면 지체하지 말고 이를 물리치는 결단 있는 신앙의 자세를 가져야 합니다

하나님의 영에 이끌려 성전의 곳곳을 돌아봅니다. 하나님께서 에스겔에게 북쪽을 바라보라고 말씀합니다. 성전에 '제단문 어귀' 북쪽에 존재해서는 안 될 것이 목격됩니다. '질투의 우상'입니다. 성전의 북문은 많은 사람들이 출입하는 문이며, 왕이 성전을 출입할 때 사용하는 문이었습니다. 이런 북문을 가리켜 '제단문'이라고 부릅니다. 이 말에는 두 가지 중요한 부분을 설명하고 있었습니다. 한 가지는 하나님께 드려지는 제물이 이 문을 통해 밖에서 안으로 운반되었다는 것을 강조하고 있습니다. 또 다른 하나는 하나님께 드려질 제물이 운반되어야 할 곳에 '질투의 우상'이 있다는 것을 고발하고 있습니다. 성전 내부가 우상숭배의 거점이 되어 있었습니다. 이곳을 누가 출입했습니까? 왕과 백성들입니다.

성전을 가리켜 (사 60:7)에서는 하나님께서 '내 영광의 집'이라고 했으며, (사 64:11)에서는 '거룩하고 아름다운 전'이라고 칭하였습니다. 하나님을 향한 신앙이 떠난 성전은 하나님의 영광이 없고, 거룩하고 아름다움이 존재하지 않습니다. 성도는 하나님의 영이 내주하는 '하나님의 성전'입니다. 우리의 내면을 하나님을 향한 참된 신앙으로 채워 하나님의 '영광의 집', '거룩하고 아름다운 전'으로 만들어가야 합니다. 만약 자신의 내면에 잠재하고 있는 우상숭배의 가증한 모습이 있다면 그 요소를 완전히 몰아내는 신앙의 결단이 있어야 합니다. 이런 신앙의 결단있는 개혁으로 자신의 내면을 하나님의 아름다운 신앙의 동산으로 만들어가야 합니다.

(7~11) 하나님을 향한 신앙에 빈틈이 생겨 세속의 가증함이 자리하지 못하도록 하나님을 향한 신앙을 세속화로부터 구별해 내는 신앙의 개혁을 일으켜야 합니다

하나님께서 에스겔로 하여금 담에 구멍이 난 곳을 통해 내부를 보도록 합니다. 자신들이 우상 숭배자라는 것을 숨기려고 담을 만들었지만 하나님께서는 이미 그 내면을 알고 있었다는 것을 '담의 구멍'을 통해 알립니다. 하나님께서 에스겔에게 그 담을 허물도록 명합니다. 담을 허물었더니 '한 문'이 보입니다. 그 문은 자신들의 정체를 숨기는 문이었습니다. 그 문을 열고 들어가니 놀라운 사건이 목격됩니다. 성전 내부에 각종 곤충, 가증한 짐승, 모든 우상이 그 사방 벽에 그려 있었습니다. 놀라운 것은 백성들을 대표하고 있는 장로들이 우상을 은밀하게 숭배하고 있었습니다. 더 놀라운 장면이 목격됩니다. (왕하 22:3 이하)에 의하면 요시야 왕이 종교개혁을 일으키는 데 큰 역할을 했던 서기관 사반의 아들 '야아사냐'가 연루되어 있습니다.

  신앙은 아무도 자신할 수 없습니다. 백성들의 대표였던 장로들 그리고 '야아사냐'는 누가 봐도 하나님을 잘 섬긴다고 인정받았던 지도자들이었습니다. 이들도 처음부터 우상을 섬기는 이중적 가면을 쓴 것은 아닙니다. 신앙에 생겨난 빈틈이 문제였습니다. 마귀가 그 틈으로 들어왔던 것입니다. 그 결과 마귀에게 영적으로 먹힘을 당하였고 결국은 우상의 앞잡이가 되었던 것입니다. 하나님을 향한 신앙에 빈틈이 생겨 세속의 가증함이 자리하지 못하도록 신앙의 정결을 지켜나가야 합니다. 신앙은 화려한 자랑거리를 필요로 하지 않습니다. 하나님을 향한 거룩과 경건의 신앙을 세속화로부터 반드시 구별해 내어야 합니다.

(12~13) 흑암에 사로잡혀 자신의 들보를 돌아보지 못하고 하나님께 핑계 대고 원망하는 불신앙의 요소를 제거하는 신앙의 개혁을 일으켜야 합니다

　　우상숭배의 중심에 서 있었던 지도자들은 자신들이 은밀하게 섬기고 있던 우상에 대해 사람뿐만 아니라 하나님에게도 감출 수 있고, 속일 수 있다고 생각하며 행동합니다. 심지어 자신들이 섬기는 우상숭배를 정당화시키기까지 합니다. 이스라엘이 패망에 이르고, 포로 가운데 끌려간 원인이 하나님이 자신들을 버렸기 때문이라고 합니다. 하나님이 원인 제공자라고 원망하고 불평하면서 자신들이 우상을 숭배하는 행위에 대해 정당성을 주장합니다. 흑암의 권세에 사로잡혀 우상을 숭배하고 있던 지도자들은 자신들의 잘못되고, 삐뚤어진 신앙관과 같은 들보를 돌아보지 않습니다. 핑계하고, 원망하며 자신들의 입장을 변론합니다.

　　영적 분별력이 분명해야 합니다. 하나님을 향한 신앙의 규범에 변함이 없어야 합니다. 신앙에 대해 핑계 대고, 원망을 일삼는 지도자를 따르면 공멸합니다. 우리 또한 마찬가지입니다. 세상의 영혼들을 인도하는 위치에 놓여 있습니다. 신앙에 불신의 요소를 담아내지 않도록 불평하는 신앙, 원망하는 신앙, 핑계 대는 신앙이 되지 않아야 합니다. 이런 불신앙의 요소를 제거하는 신앙의 개혁을 일으켜야 합니다. 그렇지 않으면 우리 또한 하나님 앞에 가증한 모습으로 자신을 포장하고, 위장하여 신앙이 '게걸음'을 치게 된다는 것을 잊지 않아야 합니다.

(적용)

신앙이 그릇에 담긴 고인 물과 같은 모습이 되면 안 됩니다. 그럴 경우 마귀의 발전하는 새로운 계략에 먹히거나 넘어짐을 당하게 됩니다. 신앙은 날마다 개혁되어야 합니다. 개혁은 제도를 바꾸거나, 시대의 변화를 따르고, 적응하는 것이 아닙니다. 이것은 개혁이 아니고 개악입니다. 신앙의 개혁은 자신을 날마다 말씀의 거울에 비춰보고, 말씀의 신앙으로 자신을 바르게 세워나가는 것을 말합니다.

신앙의 개혁은 하나님께서 축복하신 신앙의 동산을 아름답게 만들어갑니다. 혹이나 잠재하고 있을지 모를 나의 내면의 우상적 요소는 자신의 상식과 자신의 판단으로 구별되지 않습니다. 말씀의 거울을 비춰야만 그 내면을 밝혀 볼 수 있고, 내면의 우상적 요소를 발견할 수 있습니다. 날마다 자신의 신앙을 하나님의 말씀을 통해 개혁하는 성도가 되어야 합니다.

[생각하며 나누는 시간]

1. 하나님은 어떤 분인가요?

2. 하나님은 나를 통해 무엇을 이루길 원하실까요?

3. 나는 어떤 신앙의 모습으로 세워져야 할까요?

잊지 말아야 할 세 가지 (겔 10:1~8)

10:1 이에 내가 보니 그룹들 머리 위 궁창에 남보석 같은 것이 나타나는데 그들 위에 보좌의 형상이 있는 것 같더라

10:2 하나님이 가는 베 옷을 입은 사람에게 말씀하여 이르시되 너는 그룹 밑에 있는 바퀴 사이로 들어가 그 속에서 숯불을 두 손에 가득히 움켜 가지고 성읍 위에 흩으라 하시매 그가 내 목전에서 들어가더라

10:3 그 사람이 들어갈 때에 그룹들은 성전 오른쪽에 서 있고 구름은 안뜰에 가득하며

10:4 여호와의 영광이 그룹에서 올라와 성전 문지방에 이르니 구름이 성전에 가득하며 여호와의 영화로운 광채가 뜰에 가득하였고

10:5 그룹들의 날개 소리는 바깥뜰까지 들리는데 전능하신 하나님이 말씀하시는 음성 같더라

10:6 하나님이 가는 베 옷을 입은 자에게 명령하시기를 바퀴 사이 곧 그룹들 사이에서 불을 가져 가라 하셨으므로 그가 들어가 바퀴 옆에 서매

10:7 그 그룹이 그룹들 사이에서 손을 내밀어 그 그룹들 사이에 있는 불을 집어 가는 베 옷을 입은 자의 손에 주매 그가 받아 가지고 나가는데

10:8 그룹들의 날개 밑에 사람의 손 같은 것이 나타나더라

잊지 말아야 할 세 가지 (겔 10:1~8)

하나님이 살아계심과 주신 계명에 대한 실현을 이스라엘 멸망의 역사는 증거하고 있습니다. 에스겔이 환상 가운데 목격한 예루살렘은 거룩이 아니라 오물로 가득한 타락의 온상이었습니다. 가증한 우상들을 숭배하고 있었습니다. 하나님의 임재를 상징하고 있는 처소로부터 하나님을 몰아내는 가증한 일을 서슴지 않고 행합니다. 에스겔은 이런 예루살렘이 바벨론에 의해 함락되는 것을 봅니다. '숯불 환상'은 하나님의 거룩을 짓밟고 있는 이스라엘을 향한 하나님의 진노였습니다. 우상 숭배를 향한 하나님의 강력한 공의의 심판이었습니다. 두려움의 심판, 피할 길이 없는 강력한 심판을 '숯불 환상'을 통해 봅니다.

천지와 만물은 하나님을 예배할 목적으로 창조되었습니다.

예루살렘의 성전은 이런 하나님의 임재를 상징하고 있습니다. 하나님께서는 이스라엘을 향해 하나님을 어떻게 예배해야 하는지 법도와 규례로 이미 말씀해 주셨습니다. 그러나 악한 권세에 휘감긴 이스라엘은 하나님을 예배하는 것이 아니라 우상 숭배와 타락의 길을 걸어갑니다. '숯불 재앙'은 여기에 대해 세 가지를 잊지 않도록 가르침과 교훈을 주고 있습니다. 어떤 가르침과 교훈을 주고 있을까요?

(1~2) 하나님의 영광이 떠난 곳에는 공의의 심판이 기다려진다는 것을 잊지 않아야 합니다

에스겔이 환상 가운데 그룹들의 모습을 봅니다. 그룹들 머리 위 궁창에 '남보석 같은 것'이 나타났으며, 그들 위에 '보좌의 형상'이 있는 것 같더라고 말합니다. 그리고 '가는 베 옷을 입은 사람'을 봅니다. 하나님께서 '가는 베 옷을 입은 사람'에게 그룹들 밑에 있는 바퀴 사이로 들어가 그 속에서 '숯불'을 움켜 가지고 성읍 위에 흩으라 명합니다. 그룹들은 하나님의 영광을 높이며 수종 들고 있는 모습을 하고 있습니다. '가는 베 옷을 입은 사람'은 (출 28:42)에 의하면 제사장의 모습입니다. 이런 사람이 이동하는 수단을 가진 그룹 밑 바퀴에 들어갔다는 것은 하나님께서 명령하신 것을 신속하게 수행한다는 의미를 가지고 있습니다. '두 손'에 있는 '숯불'이라는 심판이 신속히 수행될 것을 말하고 있습니다.

'그룹들'이 하나님을 예배하는 본연의 모습 가운데 하나님의 영광을 강조하고 있다면 '가는 베 옷을 입은 사람'과 '두 손', '숯불'은 하나님을 예배하지 않고 우상을 숭배하는 죄악을 향한 하나님의 공의의 심판을 나타냅니다. 하나님은 다른 신을 예배하는 '거짓 예배'를 금하고 있습니다. (출 20:2)과 (3절)에 의하면 시내산 언약에서 열 가지 계명을 '두 돌판'에 새겨주실 때 이 부분을 제1계명과 제2계명에 명시시켜 주셨습니다. 우상의 제단을 만든 예루살렘은 더 이상 예배의 처소가 되지 못합니다. 하나님의 영광이 떠난 곳입니다. 하나님의 영광이 떠난 곳에는 더욱 강력한 하나님의 공의의 심판이 기다려집니다. 왜냐하면 마귀가 자신의 터전으로 삼았기 때문입니다. 이런 곳에는 하나님의 공의의 심판이 강력하게 기다려진다는 것을 잊지 않아야 합니다.

(3~5) 하나님의 영광은 건물의 위용과 같은 외형의 모습에 있는 것이 아니라 진심으로 하나님을 섬기는 신앙 가운데 있다는 것을 잊지 않아야 합니다

　　성전은 하나님의 영광과 임재를 나타내는 중요한 장소입니다. 에스겔은 환상 가운데 목격합니다. 놀랍게도 '가는 베 옷을 입은 사람'이 두 손에 '숯불'을 들고 성전으로 들어옵니다. 그때 그룹들은 '성전 오른쪽'인 성전 뜰의 '남(南) 편'에 서 있습니다. 성전의 입구를 가리키는 동쪽을 중심으로 봤을 때 그룹들이 오른쪽에 있다는 것은 성전 뜰의 '남 편'에 있다는 것을 말합니다. 에스겔은 목격합니다. 여호와의 영광이 가득해야 할 성전에 더 이상 여호와의 영광이 머물고 있지 않습니다. 장차 엄청난 사건이 일어날 것을 그룹들의 날개 소리가 바깥뜰까지 들리면서 이를 증거하고 있습니다. 이것을 '가는 베 옷을 입은 사람'이 두 손에 '숯불'을 들고 성전에 들어오는 장면을 통해 교차적으로 설명하고 있습니다.

　　이스라엘 백성들은 하나님이 예루살렘 성전을 결코 떠나지 않을 것이라 굳게 믿고 있었습니다. 그러나 하나님의 영광은 건물에 있거나 장소 또는 혈통과 같은 위용과 외형의 모습 가운데 있지 않다는 것을 이들은 알지 못합니다. 하나님의 영광은 진심으로 하나님을 섬기는 신앙 가운데 있다는 것을 망각하고 있었습니다. (겔 11:22 이하)에 따르면 여호와의 영광이 예루살렘을 떠나 '성읍 동쪽 산'에 머무는 것을 에스겔은 환상 가운데 목격합니다. 잊지 맙시다! 하나님의 영광은 건물의 위용과 같은 외형의 모습에 있는 것이 아닙니다. 진심으로 하나님을 섬기는 신앙 가운데 있다는 것을 잊지 않아야 합니다.

(6~8) 하나님의 영광이 떠난 자리에 임할 심판 또한 하나님의 명령을 성실히 수행하는 가운데 단행되며 이 또한 하나님의 뜻을 이루기 위한 것임을 잊지 않아야 합니다

하나님께서 '가는 베 옷을 입은 사람'에게 명령합니다. "바퀴 사이 곧 그룹들 사이에서 불을 가져 가라" 그가 바퀴 옆에 섭니다. 그룹이 손을 내밀어 불을 집어 '가는 베 옷을 입은 사람'에게 주매 그가 받아 가지고 나갑니다. 그룹과 '가는 베 옷을 입은 사람'에게 나타나는 공통점은 '손'과 연결되어 '주매' 그리고 '받아'라는 의미에 있습니다. 하나님의 명령을 성실히 수행하는 모습입니다. '손'은 행하는 것에 따라 결론이 달라집니다. 기도하는 손은 하나님의 응답을 받습니다. 반면 우상의 전각을 세운 손은 저주로 심판을 당합니다. (시 28:4)은 말합니다. "그들의 손이 지은 대로 그들에게 갚아 그 마땅히 받을 것으로 그들에게 갚으소서"

하나님께서 맡기신 것에 대해 한눈팔지 말고 열심히 성실하게 수행하는 신앙의 자세를 가져야 합니다. 죄악이 만연한 곳이라 할지라도 하나님께서 명하신 것이라면 신속하고 순종하는 자세로 그 명령을 수행해야 합니다. 하나님의 영광이 떠난 자리에 임하는 심판조차 하나님의 명령을 성실히 수행하는 가운데 단행된다는 것을 잊지 않아야 합니다. 하나님께서 (계 6~14장)에서 내리신 '인의 재앙'과 '나팔 재앙'의 본질은 재앙을 내리는 것에 있지 않습니다. 하나님의 백성을 신앙으로 돌이키기 위한 목적 가운데 단행된다는 것을 잊지 않아야 합니다. 그룹들의 날개 밑에 손이 있다는 것은 자신의 능력을 자랑하고, 드러내는 모습이 아닙니다. 겸손의 모습이며, 하나님의 뜻을 이루는 측면에 있어서 그 명령을 성실히 수행하는 모습입니다. 이것이 곧 우리의 모습이 되어야 한다는 것을 잊지 않아야 합니다.

(적용)

하나님께서 에스겔에게 보여준 환상은 흥미 거리를 제공하기 위한 장면이 아닙니다. '숯불 환상'을 통해 재앙을 예고한 것도 하나님의 마음에 들지 않았기 때문에 분노를 표현한 것이 아닙니다. 하나님께서 천지와 만물을 만든 제일의 목적은 하나님을 예배함에 있습니다. 하나님을 예배하는 것은 하나님의 속성 가운데 나타났던 것처럼 (창 1:28)의 '생육, 번성, 충만'이 이 가운데 함께하고 있습니다.

아담이 죄를 범하기 전에 하나님을 향한 예배는 (창 2:15)의 말씀에도 나타납니다. "그것을 경작하며" 섬기고, 가꾸는 가운데 있었다면 죄를 범한 후에는 예배가 제사의 형태를 가지게 됩니다. 예배 드리는 방식이 달라집니다. 직접 드리는 예배 방식에 중보(제물)라는 양식이 생겨납니다.

하나님을 바르게 예배하지 못하는 것은 곧 하나님의 축복으로부터 멀어지는 것임을 잊지 않아야 합니다. 하나님의 영광은 예배와 함께합니다. 하나님의 영광이 떠나면 우리에게 돌아올 영광은 없습니다. 잊지맙시다! '숯불 재앙'은 자기 백성을 신앙으로 돌이키려는 하나님의 일하심이라는 것을 잊지 맙시다!

[생각하며 나누는 시간]

1. 하나님은 어떤 분인가요?

2. 하나님은 나를 통해 무엇을 이루길 원하실까요?

3. 나는 어떤 신앙의 모습으로 세워져야 할까요?

거짓 선지자의 사악함 앞에(겔 13:1~7)

13:1 여호와의 말씀이 내게 임하여 이르시되
13:2 인자야 너는 이스라엘의 예언하는 선지자들에게 경고하여 예언하되 자기 마음대로 예언하는 자에게 말하기를 너희는 여호와의 말씀을 들으라
13:3 주 여호와의 말씀에 본 것이 없이 자기 심령을 따라 예언하는 어리석은 선지자에게 화가 있을진저
13:4 이스라엘아 너의 선지자들은 황무지에 있는 여우 같으니라
13:5 너희 선지자들이 성 무너진 곳에 올라가지도 아니하였으며 이스라엘 족속을 위하여 여호와의 날에 전쟁에서 견디게 하려고 성벽을 수축하지도 아니하였느니라
13:6 여호께서 말씀하셨다고 하는 자들이 허탄한 것과 거짓된 점괘를 보며 사람들에게 그 말이 확실히 이루어지기를 바라게 하거니와 그들은 여호와가 보낸 자가 아니라
13:7 너희가 말하기는 여호와의 말씀이라 하여도 내가 말한 것이 아닌즉 어찌 허탄한 묵시를 보며 거짓된 점괘를 말한 것이 아니냐

거짓 선지자의 사악함 앞에(겔 13:1~7)

　　에스겔이 바벨론에 포로로 끌려왔을 때 예루살렘에는 예레미야 선지자가 왕의 세력을 등에 업은 거짓 선지자들과 영적 전투를 치루고 있었습니다. 이들은 거짓된 평강을 약속하며 불안에 떨고 있는 백성들로 하여금 자신들을 따르게 만듭니다. 왕과 백성들은 바벨론 왕의 종이 되지 않을 것이며, 바벨론을 물리칠 것이라는 거짓된 예언으로 참 선지자를 공격합니다. 하나님께서는 에스겔로 하여금 거짓 선지자들의 거짓된 예언에 낙관하고 있는 유다 백성들을 영적으로 깨우도록 합니다. 그리고 거짓 선지자들에게 하나님의 강력한 심판을 알리도록 합니다. 거짓 선지자들의 특징은 자신이 마귀에 속해 있다는 것을 위장하고, 속이기 위해 하나님이 자신을 세웠다는 것을 강조합니다. 죄악을 향한 하나님의 심판이 아니라 '평화'를 예언합니다.

거짓 선지자들은 (신 13:1)에 의하면 이적과 기사를 무기로 사용하기도 합니다. 이를 통해 사람들을 미혹하며 우상을 숭배하도록 이끌어갑니다.(계 13:14) 거짓 선지자가 본격적으로 등장한 것은 이스라엘 백성들이 출애굽 하는 구속사에서부터 시작하여 지금까지 이르고 있습니다. 시대가 완악할수록 거짓 선지자의 사악함은 마치 날카로운 비수처럼 숨겨진 모습을 하면서 우리에게 다가오고 있습니다. 사악함을 분별하지 못하면 그 독에 찔려 영적 사망에 이르게 됩니다. 거짓 선지자의 사악함 앞에 우리는 자신을 영적으로 어떻게 무장시켜야 할까요?

(1~4) 하나님으로부터 세움을 받지 않은 교활한 여우와 같은 거짓 선지자의 사악함에 무너짐을 당하지 않도록 사람을 따라 신앙하는 자가 아니라 바른 말씀을 좇아 신앙하는 영적 무장이 이루어져야 합니다

하나님께서는 에스겔로 하여금 여호와의 계시를 사칭하는 거짓 선지자들에게 예언하도록 합니다. 자기 마음대로 거짓을 예언하면서 백성들의 영혼을 마치 사냥하듯이 낚아채고 있는 거짓 선지자들에게 화가 있을 것을 예언하도록 합니다. "본

것이 없이 자기 심령을 따라 예언하는 어리석은 선지자에게 화가 있을진저" 하나님은 거짓 선지자들을 '황무지에 있는 여우'에 비유하고 있습니다. 움직임이 가볍고, 날렵한 '여우'는 (시 63:10)과 (아 2:15), (눅 13:32) 등에 의하면 약탈하고, 방해하고, 교활함을 나타낼 때 주로 인용되는 동물입니다. 특히 황무지에 숨어 사는 여우는 포도원과 농작물을 망쳐 놓는 데 일등공신의 역할을 합니다.

우상 숭배와 불신앙 가운데 놓인 이스라엘은 영적으로 황무지와 같은 상태에 놓여 있었습니다. 이스라엘이 이런 상태가 되도록 이끌었던 대표적인 자들이 있습니다. 거짓 선지자들이었습니다. 숨어 있는 여우처럼 속이는 말씀으로 영적 공허 상태를 만들었으며, 하나님을 향한 영적 기강을 무너뜨렸습니다. 하나님께서는 에스겔을 통해 이스라엘을 영적으로 깨웁니다. 백성들이 더 이상 거짓 선지자들의 말에 현혹당하지 않도록 예언의 말씀을 줍니다. 하나님으로부터 세움을 받지 않은 거짓된 자들이 미혹하고, 속이는 무기를 동원합니다. (계 12:4)에 의하면 마귀가 하늘의 천사 '삼분의 일'로 하여금 자신을 추종하도록 만들었던 무기가 '꼬리'라는 속이는 무기였습니다.

세상이 영적으로 혼탁한 시대를 살아가고 있습니다. 우리가 살아가는 세상에 미혹하는 '적그리스도'가 이미 많이 와있다고 (요이 1:7)은 증거하고 있습니다. (마 24:5)과 (마 24:26)을 통해 예수님께서 이런 말씀을 주셨습니다. "많은 사람이 내 이름으로 와서 이르되 나는 그리스도라 하여 많은 사람을 미혹하리라", "그리스도가 광야에 있다 하여도 나가지 말고 보라 골방에 있다 하여도 믿지 말라" 하나님으로부터 세움을 받지 않은 거짓 선지자의 사악함이 황무지에 숨어 있는 여우의 모습과 같습니다. 무너짐을 당하지 않도록 사람을 따라 신앙하는 자가 아니라 바른 말씀을 좇아 신앙하는 영적인 무장이 더욱 요구되고 있는 시대입니다.

(5~6) 사리사욕에 눈이 멀어 입만 앞세우는 가식적이고, 위선적인 거짓 선지자의 사악함에 넘어가지 않도록 바른 교리로 자신을 무장시켜야 합니다

하나님께서는 거짓 선지자의 실태를 알려줍니다. 이들은 신앙의 윤리와 함께 영적으로 완전히 무너진 상태를 보고도 그것을 바르게 세우기 위해 노력하지 않습니다. 오히려 하나님의 권위를 들먹거리면서 자기 말이 확실히 이루어질 것을 믿도록 만듭니다. '허탄한 것'과 '거짓된 점괘'를 보며 사람들로 하여

금 믿게 만들고 자기가 원하는 것과 자신의 사욕을 챙기는 사악함을 멈추지 않습니다. (사 8:19)에 의하면 신접한 자와 마술사에게 묻는 것은 "산 자를 위하여 죽은 자에게 구하는 것"과 같습니다. (사 8:20)은 이런 거짓된 선지자들을 따르지 말고 "마땅히 율법과 증거의 말씀을 따르라"라고 말씀을 주고 있습니다.

영적으로 혼탁한 시대가 거듭될수록 영적 사기꾼들이 극성을 부립니다. 이런 거짓 선지자들은 하나님으로부터 파송 받은 자들이 아닙니다. 사람들에게 인기를 얻고, 자기의 목적을 채우기 위한 목적을 가지고 있습니다. 이들이 '허탄한 것'과 '거짓된 점괘'를 말한다는 것은 '귀신'의 영향 아래 있다는 것을 말합니다. 마귀로부터 권세를 받은 '열 뿔'의 짐승입니다. 가식적이고, 위선적인 거짓 선지자의 사악함에 넘어가지 않으려면 어떻게 해야 하나요? (사 8:20)을 통해 주신 말씀에도 명확하게 나와 있습니다. "마땅히 율법과 증거의 말씀을 따를지니 그들이 말하는 바가 이 말씀에 맞지 아니하면 그들이 정녕 아침 빛을 보지 못한다"라고 하였습니다. 바른 교리로 자신을 무장시켜야 합니다.

(7) 거짓된 계시와 악령이 주는 허탄한 것을 좇아가도록 미혹하는 거짓 선지자에게 넘어가지 않도록 하나님의 약속의 말씀을 마음 판에 새기며 그 말씀을 따라 살아가는 성도가 되어야 합니다

거짓 선지자들이 본 환상은 하나님께서 보여준 참 계시가 아닙니다. 자신들이 하나님으로부터 계시를 받았다라고 말하지만 그 환상은 (렘 14:14)의 말씀처럼 자기 마음의 거짓으로 일어난 것입니다. 마귀가 주는 거짓된 환상을 하나님이 자신에게 준 환상이라고 주장하는 것입니다. 거짓 선지자는 마귀의 도구라는 것이 증명되고 있습니다. 그러니 하박국 2장 3절은 환난 때에 휘둘림을 당하지 않도록 하나님의 말씀을 마음 판에 단단히 새기도록 명합니다.

거짓된 계시와 악령이 주는 허탄한 환상을 좇아가도록 미혹하는 거짓 선지자의 사악함에 넘어가지 않아야 합니다. 하나님께서 약속하신 천국을 소망하며 하나님의 약속의 말씀을 마음 판에 새겨야 합니다. 그래야 흔들리지 않습니다. (합 2:4)은 증거합니다. "의인은 그의 믿음으로 말미암아 살리라" 천국에 관한 하나님의 약속의 말씀을 마음 판에 새기며 그 말씀을 따라 살아가는 성도가 되어야 합니다.

(적용)

거짓 선지자의 사악함은 '황무지에 있는 여우'와 같습니다. 움직임이 가볍고, 날렵하고, 약탈하고, 방해하고, 교활한 '여우'와 같습니다. 포도원과 농작물을 망쳐 놓기 위해 숨어서 기회를 엿보는 여우와 같습니다. 마귀의 앞잡이 역할을 하고 있는 거짓 선지자가 영적인 공격을 가합니다. 이것을 분별하지 못하면 (사 28:7)의 말씀처럼 영적으로 '옆걸음'을 치게 됩니다. 거짓 선지자로부터 무너짐을 당하지 않도록 세 가지에 대해 기준을 잡아야 합니다. 첫 번째는 사람을 보고 신앙하는 자가 아니라 바른 말씀을 좇아 신앙해야 합니다. 두 번째는 바른 교리로 자신을 무장시켜야 합니다. 세 번째는 하나님의 약속의 말씀을 마음 판에 새기며 그 말씀을 따라 살아가는 믿음의 성도가 되어야 합니다.

(요일 2:21)은 밝힙니다. 모든 거짓은 진리에서 나지 않습니다. (요 8:44)은 가르침을 주고 있습니다. 마귀는 거짓말쟁이요, 거짓의 아비입니다. 거짓 선지자는 마귀의 앞잡이입니다. 거짓 선지자의 사악함 앞에 영적으로 바른 무장을 하지 않으면 영적으로 무너짐을 당하는 것은 한순간입니다. 누구도 여기에 대해 보장받을 수 없습니다.

[생각하며 나누는 시간]

1. 하나님은 어떤 분인가요?

2. 하나님은 나를 통해 무엇을 이루길 원하실까요?

3. 나는 어떤 신앙의 모습으로 세워져야 할까요?

거짓 선지자의 사악함 앞에(겔 13:1~7)

신앙의 바른 걸음 (겔 15:1~8)

15:1 여호와의 말씀이 내게 임하여 이르시되
15:2 인자야 포도나무가 모든 나무보다 나은 것이 무엇이랴 숲속의 여러 나무 가운데에 있는 그 포도나무 가지가 나은 것이 무엇이랴
15:3 그 나무를 가지고 무엇을 제조할 수 있겠느냐 그것으로 무슨 그릇을 걸 못을 만들 수 있겠느냐
15:4 불에 던질 땔감이 될 뿐이라 불이 그 두 끝을 사르고 그 가운데도 태웠으면 제조에 무슨 소용이 있겠느냐
15:5 그것이 온전할 때에도 아무 제조에 합당하지 아니하였거든 하물며 불에 살라지고 탄 후에 어찌 제조에 합당하겠느냐
15:6 그러므로 주 여호와께서 이같이 말씀하셨느니라 내가 수풀 가운데에 있는 포도나무를 불에 던질 땔감이 되게 한 것 같이 내가 예루살렘 주민도 그같이 할지라
15:7 내가 그들을 대적한즉 그들이 그 불에서 나와도 불이 그들을 사르리니 내가 그들을 대적할 때에 내가 여호와인 줄 너희가 알리라
15:8 내가 그 땅을 황폐하게 하리니 이는 그들이 범법함이니라 나 주 여호와의 말이니라 하시니라

신앙의 바른 걸음 (겔 15:1~8)

　　신앙은 우리의 삶입니다. 신앙은 우리의 생명입니다. 신앙은 선택이 아닙니다. 신앙은 종교활동 가운데 나타나는 모습이 아닙니다. 에스겔 선지자는 이것을 뼈저리게 경험했던 대표적인 선지자였습니다. 하나님을 향한 이스라엘 백성들의 잘못된 신앙의 걸음은 결국 나라를 망하게 만듭니다. 그리고 자신들의 사회와 가정이라는 공동체를 붕괴시키는 일등 공신의 역할을 하게 됩니다. 바벨론의 포로 생활은 여기에 대한 열매였습니다.

　　신앙의 바른 걸음을 걷는 것이 얼마나 중요한지 에스겔은 여기에 대한 목격자입니다. 신앙의 바른 걸음을 걸어가야 합니다. 하나님의 공의는 여기에 대해 즉각 반응합니다. 신앙의 바른 걸음은 우리의 가치를 바꿔놓습니다. 공의의 하나님을 바라보면서 우리는 어떤 신앙의 바른 걸음을 걸어가야 할까요?

(1~5) 보잘것없는 나를 하나님께서 아름다운 열매를 맺게 하셨다는 것을 명심하고 무엇을 행하든지 하나님께 영광을 돌리는 신앙의 바른 걸음을 걸어가야 합니다

이스라엘이 멸망한 원인은 하나님을 향한 백성들의 바르지 못한 신앙의 걸음에 있었습니다. 하나님께서는 '포도나무'의 비유를 통해 이것을 분명하고, 확실하게 말씀합니다. '포도나무'의 경우 나무의 재질만 놓고 봤을 때 과연 얼마만큼 쓸모가 있을까요? 첫 번째는 곧은 나무가 아니라 덩굴식물이기에 건축의 재료로 사용할 수 없는 나무입니다. 두 번째는 덩굴로 나무가 굽었기에 어떤 기둥으로도 사용할 수 없는 나무입니다. 세 번째는 나무가 불이 붙으면 너무 빨리 타기 때문에 땔감으로 큰 가치가 없을 뿐만 아니라 불쏘시개로도 사용하기에 부적합합니다. 네 번째는 그릇으로도 만들 수 없는 나무입니다.

심지어 그릇을 걸만한 못으로도 사용할 수 없습니다. 이런 포도나무를 다른 나무와 비교했을 때 무엇이 나은 것이 있나요? 스스로를 가리켜 '선민'이라고 자랑삼았던 이스라엘 백성들의 모습이 이렇습니다. 포도나무에 열매가 없다면 포도나무는 땅의 영양분을 빨아 먹으며, 땅을 괴롭히고, 사람을 힘들게 만드는 무익하고 보잘것없는 나무일 뿐입니다. 포도나무에 열매가 맺힌

것은 그 나무의 능력이 아닙니다. 하나님께서 열매를 맺도록 하셨기에 열매가 있는 것입니다. 보잘것없는 나를 하나님께서 아름다운 열매를 맺게 하셨다는 것을 명심해야 합니다. 그러니 무엇을 행하든지 하나님께 영광을 돌리는 일이 아니면 모든 것을 그 자리에서 멈출 줄 아는 신앙의 걸음을 걷는 자가 되어야 합니다.

(6~7) 가식적인 신앙으로 하나님께 오만하게 굴다가 공의에 불사름을 당하지 않도록 하나님을 향한 경건의 신앙으로 자신을 바르게 세우고 이 신앙으로 세상을 선도해 나가는 신앙의 걸음을 걸어가야 합니다

하나님 앞에 불경건한 신앙의 걸음은 하나님의 공의에 불사름을 당하게 됩니다. 포도나무에 비유되고 있는 이스라엘의 참모습에 대해 하나님께서 말씀합니다. 겉으로는 신앙을 잘하고 있는 것처럼 보이지만 가증스러운 껍질의 신앙이라고 에스겔을 통해 지적합니다. 모양은 포도나무인데 뿌리는 하나님을 향해 있지 않습니다. 우상을 향해 있고, 불의를 향하고 있습니다. 하나님을 향해 경건을 잃어버린 모습을 하고 있습니다. 하나님께

서 공의 가운데 말씀합니다. "너희들이 나를 대적하고 있구나! 내가 너희를 대적할 것이다!"

우리는 신앙에 대해 두 가지의 열매를 필히 맺어야 합니다. 첫 번째는 하나님이 보시기에 합당한 '회개의 열매'입니다. 두 번째는 성령을 통해서 맺는 '영적인 열매'입니다. 이 두 열매를 맺기 위해서는 무엇보다 경건이라는 뿌리가 있어야 합니다. 그리고 이 경건의 뿌리가 바른 영적인 영양분을 공급받을 수 있도록 하나님을 향해 뻗어 있어야 합니다. 하나님을 향한 경건의 신앙이 세상의 방법 속에 담겨 있는지, 하나님을 향해 바르게 뻗어 있는지 다른 방법으로는 체크 되지 않습니다.

하나님의 말씀의 거울에 나의 신앙을 비춰봐야 합니다. 계명의 거울로 나를 비춰봐야 합니다. 가식적인 신앙으로 하나님 앞에 오만하게 굴다가 공의에 불사름을 당하지 않아야 합니다. 하나님을 향한 경건의 신앙으로 자신을 바르게 세워야 합니다. 그리고 이 신앙으로 세상을 선도해 나가는 신앙의 걸음을 걸어가야 합니다.

(8) 하나님으로부터 멀어지는 자가 되지 않도록 하나님의 법도와 규례를 지켜 준행하는 신앙의 울타리를 쳐야 합니다. 그리고 그 신앙의 바른 걸음으로 자신과 공동체를 영적으로 건강하게 지켜나가야 합니다

하나님께서 에스겔 선지자 입을 통해 이렇게 말씀합니다. "내가 그 땅을 황폐하게 하리니 이는 그들이 범법함이니라" 하나님께서는 이스라엘을 향해 주신 '영원한 기업'을 황폐하게 하겠다라고 말씀합니다. 이런 극단적인 처방을 내리셨던 것은 하나님께 '범법함'이 있었기 때문입니다. 이들의 범법 행위는 우상 숭배와 함께 하나님 앞에 행한 불의였습니다. 이런 법범함이 손으로 헤아릴 수 없을 정도로 많았습니다.

'우상 숭배'는 하나님을 멀리하는 범법 행위 가운데 첫 번째에 해당하는 무서운 범법 행위입니다. 신은 오직 하나님 한 분뿐이라는 것을 거부하는 것으로 하나님께서 주신 계명의 첫 번째와 두 번째 계명을 짓밟는 행위이며, 마귀를 추종하는 범법 행위입니다. 두 번째는 하나님의 창조 원리를 깨뜨리는 '동성연애', '통간행위' 등과 같이 성적인 타락으로 일어나는 범죄입니다. 이런 범죄는 하나님의 재창조를 이어가는 생육, 번성, 충만의 선언적 축복에 대해 대항하고, 욕되게 하는 범법 행위입니

다. 세 번째는 사회의 각종 불의와 악을 함께하고, 즐기는 가운데 일어나는 범죄입니다.

하나님의 법이 금하고 있는 것을 따라 가면 결국은 하나님을 멀리하는 행위를 자행하는 모습을 낳게 됩니다. 신앙의 울타리를 쳐야 합니다. 하나님을 예배하며, 경배하는 신앙이 되지 못하고 세상의 방법론이 신앙에 자리를 잡고 있는 자는 이미 하나님과 영적으로 멀어진 상태입니다. 아담과 하와의 범법 행위는 사망과 저주 가운데 '가시'와 '엉겅퀴'를 함께 만들어냈다는 것을 잊지 않아야 합니다. 소돔과 고모라의 성적 타락은 '유황불'이 쏟아지는 심판을 만들어냈다는 것도 잊지 않아야 합니다. 하나님으로부터 멀어지는 자가 되지 않도록 하나님의 법도와 규례를 지켜 준행하는 신앙의 울타리를 쳐야 합니다. 그 신앙의 바른 걸음으로 자신과 공동체를 영적으로 건강하게 지켜나가야 합니다.

(적용)

신앙은 열매로 말합니다. 삶은 신앙의 열매이며, 결론입니다. 신앙은 삶의 일부분이 아니라 삶의 전부입니다. 신앙의 바른 걸음은 축복의 열매로 그 삶을 이루어갑니다. 그러나 그릇된 신앙의 걸음은 자신의 삶을 소돔과 고모라의 모습처럼 저주의 심판으로 결론을 이끌어갑니다. 바른 신앙은 자신뿐만 아니라 가정을 살리고, 사회 공동체를 살리고, 나라를 살립니다.

　　하나님을 향한 바른 신앙관으로 나를 바르게 세워나가야 그 영향력이 능력을 발휘합니다. 말과 머리만 앞서는 신앙이 아니라 삶이 따르는 신앙의 바른 걸음을 걸어가야 합니다. 하나님을 향해 오만의 걸음을 멈추고, 가면을 쓴 경건이 아니라 삶의 뿌리가 하나님을 향한 참 경건의 신앙을 이루어가야 합니다.

[생각하며 나누는 시간]

1. 하나님은 어떤 분인가요?

2. 하나님은 나를 통해 무엇을 이루길 원하실까요?

3. 나는 어떤 신앙의 모습으로 세워져야 할까요?

헛된 영광과 참된 번영 (겔 17:1~10)

17:1 여호와의 말씀이 내게 임하여 이르시되
17:2 인자야 너는 이스라엘 족속에게 수수께끼와 비유를 말하라
17:3 여호와께서 이같이 말씀하여 이르시되 색깔이 화려하고 날개가 크고 깃이 길고 털이 숱한 큰 독수리가 레바논에 이르러 백향목 높은 가지를 꺾되
17:4 그 연한 가지 끝을 꺾어 가지고 장사하는 땅에 이르러 상인의 성읍에 두고
17:5 또 그 땅의 종자를 꺾어 옥토에 심되 수양버들 가지처럼 큰 물 가에 심더니
17:6 그것이 자라며 퍼져서 높지 아니한 포도나무 곧 굵은 가지와 가는 가지가 난 포도나무가 되어 그 가지는 독수리를 향하였고 그 뿌리는 독수리 아래에 있었더라
17:7 또 날개가 크고 털이 많은 큰 독수리 하나가 있었는데 그 포도나무가 이 독수리에게 물을 받으려고 그 심어진 두둑에서 그를 향하여 뿌리가 뻗고 가지가 퍼졌도다
17:8 그 포도나무를 큰 물 가 옥토에 심은 것은 가지를 내고 열매를 맺어서 아름다운 포도나무를 이루게 하려 하였음이라
17:9 너는 이르기를 주 여호와의 말씀에 그 나무가 능히 번성하겠느냐 이 독수리가 어찌 그 뿌리를 빼고 열매를 따며 그 나무가 시들게 하지 아니하겠으며 그 연한 잎사귀가 마르게 하지 아니하겠느냐 많은 백성이나 강한 팔이 아니라도 그 뿌리를 뽑으리라
17:10 볼지어다 그것이 심어졌으나 번성하겠느냐 동풍에 부딪힐 때에 아주 마르지 아니하겠느냐 그 자라던 두둑에서 마르리라 하셨다 하라

헛된 영광과 참된 번영 (겔 17:1~10)

　　이스라엘 백성들이 불신앙에 빠집니다. 여호와를 향한 신앙을 뒤로하고 자신들의 영광을 좇아 달려갑니다. 결과는 바벨론에 포로로 끌려가는 것이었습니다. 그리고 나라는 바벨론에 조공을 바쳐야 하는 처지에 이릅니다. 여러 가지 면에서 궁지에 몰린 유다의 시드기야 왕은 활로를 찾기 위해 B.C. 588년 애굽의 새로운 왕이었던 '호브라'를 의지합니다. 그리고 B.C. 597년 바벨론의 2차 침공 때 맺었던 언약을 깨뜨립니다.

　　시드기야는 자신들의 영광을 되찾기 위해 세상의 세력에 의지합니다. 그러나 애굽은 과거의 찬란했던 군주국가가 아니었습니다. 바벨론의 대적이 되지 못했습니다. 참된 영광의 근원이 여호와께 있다는 것을 모르고 헛된 영광을 꿈꿉니다. 헛된 영광을 위해 달려갑니다. 그 결과 자신들에게 돌아온 것은 더 큰 절망이었습니다. 세상의 헛된 영광을 좇아가다가 실족 당하지 않고 참된 번영을 누리려면 어떻게 해야 할까요?

(1~6) 눈에 보이는 해 아래의 헛된 영광을 바라보지 말고 참된 번영의 근원이 되시는 하나님을 향한 신앙으로 자신의 근본을 바르게 세워야 합니다

당시 근동 세력을 주름잡고 있던 힘의 상징인 바벨론의 느부갓네살 왕을 '색깔이 화려하고 날개가 크고 깃이 길고 털이 숱한 큰 독수리'에 비유합니다. 그리고 '백향목 가지'는 당시 유다의 왕이었던 여호야긴을 가리킵니다. (왕하 24:15)에 의하면 느부갓네살 왕은 자신의 명령을 따르지 않는 여호야긴을 '석 달'만에 왕위에서 쫓아냅니다. 그리고 그를 비롯한 왕족과 귀족들을 포로로 끌고 갑니다. (왕하 24:17)에 의하면 느부갓네살은 요시야의 아들이며, 여호야긴의 삼촌인 시드기야를 왕으로 세웁니다. 이때 시드기야는 약관 21세였습니다.

'그 가지는 독수리를 향하였고 그 뿌리는 독수리 아래에 있었더라'에서 증거하고 있는 것처럼 바벨론에 의해 왕으로 세워진 시드기야는 바벨론의 충실한 종이 됩니다. 시드기야 왕은 언제나 바벨론 왕의 영향 아래 놓입니다. 그의 헛된 영광은 이렇게 시작됩니다. 바벨론의 느부갓네살 왕이 아무리 강력한 세력을 구축하고 있어도 그의 생명과 그의 권세 또한 아침 안개와 같이 어느 한순간에 날아 가버린다는 것을 알아야 합니다.

(단 4장)에 의하면 인간세계의 모든 다스림은 하나님의 뜻에 의해 결정됩니다. 세상이 주는 열매는 사라지는 안개입니다. 눈에 보이는 해 아래의 헛된 영광을 바라보지 말고 참된 번영의 근원이 되시는 하나님을 향한 신앙으로 자신의 근본을 바르게 세워야 합니다. 그렇게 해야 무너짐을 당하지 않고 하나님께서 맺은 열매가 되어 다윗처럼 참된 번영을 누리는 자가 됩니다.

(7~8) 헛된 영광을 얻기 위해 거짓된 세속의 번영에 손을 뻗지 말고 하나님 안에서 참된 번영의 길을 구하는 신앙의 모습을 가져야 합니다

(겔 17:7)은 말합니다. "또 날개가 크고 털이 많은 독수리 하나가 있었는데" B.C. 588년, 시드기야는 바벨론의 내정이 잠시 어수선해지자 그 틈을 이용해 애굽과 동맹을 맺습니다. 시드기야 왕이 바벨론으로부터 독립하기 위해 택한 것은 하나님

이 아니었습니다. 바벨론을 대적할 힘의 세력인 '또 다른 털이 많은 큰 독수리'인 애굽의 왕 '호브라'였습니다. '털이 많은 독수리'는 아직 독수리가 장성하지 못한 상태를 말하면서 두 가지 의미를 내포하고 있습니다.

첫 번째는 애굽은 바벨론을 대적할 만한 충분한 힘을 가지고 있지 못한 상태를 말하고 있습니다. 두 번째는 그럼에도 불구하고 애굽의 '호브라 왕'은 당시 바벨론을 대적할 수 있는 유일한 힘의 세력이었다는 것을 말합니다. 하나님이 아니라 애굽을 선택한 시드기야의 결정은 마치 기회를 잡은 듯했습니다. 그러나 그것은 헛된 영광이었고, 자신을 무너지게 만드는 올무였습니다.

헛된 영광을 얻기 위해 또 다른 세속에 손을 뻗어 자신의 영광을 계획했던 시드기야와 같은 사람의 '가지'는 마르고, '뿌리'는 썩어짐을 당하게 됩니다. 솔로몬은 (시 127:1)을 통해 이런 고백을 합니다. "여호와께서 집을 세우지 아니하시면 세우는 자의 수고가 헛되며 여호와께서 성을 지키지 아니하시면 파수꾼의 깨어 있음이 헛되도다" 아브라함이 얻었던 참된 영광은 자신의 능력과 세상을 의지하는 방법으로 된 것이 아닙니다. 야곱의 번성 또한 자신의 능력으로 된 것이 아닙니다. 모두가 '하나님 안에서' 그 근원의 답을 찾은 결론이었습니다. 헛된 영광을 얻기 위해 세속의 번영을 탐하지 않아야 합니다. 그 번영은 일시적이며, 거짓된 것입니다. 하나님 안에서 참된 번영의 길을 구하는 신앙의 걸음을 걸어가야 합니다.

(9~10) 헛된 영광을 꾀하며 세상 속에서 번영을 찾지 말고 여호와 하나님의 섭리를 바라보며 하나님의 인도하심 속에서 참된 번영의 길을 찾는 자가 되어야 합니다

　　하나님은 에스겔 선지자를 통해 하나님의 섭리를 거부하고 애굽과 동맹을 맺은 시드기야의 행동이 지혜로운 행동이었는지 어리석은 행동이었는지 똑바로 인지하도록 합니다. 시드기야는 자신의 영광을 위해 '가지'와 '뿌리'를 애굽으로 향합니다. 그러나 애굽을 의지하며 내린 시드기야의 뿌리는 제자리를 잡지 못합니다. 그 뿌리는 바벨론과 같은 최강의 세력이 아니라 소수의 대적에 의해서도 힘없이 뽑힐 뿌리였습니다. 하나님께서 말씀합니다. "그 연한 가지가 마르지 아니하겠느냐 많은 백성이나 강한 팔이 아니라도 그 뿌리를 뽑으리라"

　　(왕하 25:1)과 (2절)에 의하면 시드기야의 배신을 알게 된 바벨론은 유다를 침공합니다. 바벨론의 느부갓네살은 시드기야

왕이 있는 예루살렘을 '19개월간' 에워쌉니다. 성에 있는 사람들은 양식이 떨어져 자녀를 삶아 먹는 비참한 현실에 놓입니다. 그 순간도 애굽은 시드기야 왕을 도와주지 못합니다. 헛된 영광을 꾀하며 세상 속에서 번영을 찾았던 시드기야는 생명을 건지기 위해 백성들을 등지고 야반도주합니다. 그러나 갈대아인들에게 사로잡혀 바벨론 왕에게 끌려갑니다. 그리고 처참한 최후를 맞이합니다. 하나님의 섭리를 바라보며 하나님의 인도함을 받으십시오! 그 속에는 하나님의 은혜가 있습니다. 그 속에서는 형통이 있습니다. 자신의 참된 번영의 길이 그 속에 있습니다.

(적용)

참된 번영은 신앙과 삶의 뿌리가 하나님께 내려졌을 때 맺혀지는 열매입니다. 해 아래 있는 영광을 바라보며 인간적인 방법을 앞세운다든지, 하나님을 떠난 사람에게는 어떤 참된 번영도 기다려지지 않습니다. 참된 번영은 번영의 근원이 되시는 하나님으로부터 나옵니다. 하나님의 뜻을 사람의 힘과 의지로 바꿀 수 없습니다. 하나님의 섭리를 바라보십시오. 그리고 하나님의 인도하심을 받으십시오. 이것을 여호와의 신앙으로 바라보는 자에게는 은혜가 임합니다.

거짓된 세속에 넘어가지 마십시오. 시드기야는 바벨론을

피하기 위해 애굽을 선택했지만 결과는 더 큰 짓밟힘이었습니다. 하나님으로부터 임하는 징계를 피하기 위해 세상 방법을 사용하면 길이 없습니다. 비록 그 징계가 쓰리고, 고통스러울지라도 그 속에는 나를 향한 하나님의 섭리가 있습니다. 하나님 안에서 반응하는 자에게는 그 징계가 축복으로 되돌아옵니다. 여호와의 신앙으로 참된 번영의 길에 자신을 올려놓아야 합니다.

[생각하며 나누는 시간]

1. 하나님은 어떤 분인가요?

2. 하나님은 나를 통해 무엇을 이루길 원하실까요?

3. 나는 어떤 신앙의 모습으로 세워져야 할까요?

하나님 손에 붙들린 자 (겔 17:22~24)

17:22 주 여호와께서 이같이 말씀하시되 내가 백향목 꼭대기에서 높은 가지를 꺾어다가 심으리라 내가 그 높은 새 가지 끝에서 연한 가지를 꺾어 높고 우뚝 솟은 산에 심되
17:23 이스라엘 높은 산에 심으리니 그 가지가 무성하고 열매를 맺어서 아름다운 백향목이 될 것이요 각종 새가 그 아래에 깃들이며 그 가지 그늘에 살리라
17:24 들의 모든 나무가 나 여호와는 높은 나무를 낮추고 낮은 나무를 높이며 푸른 나무를 말리고 마른 나무를 무성하게 하는 줄 알리라 나 여호와는 말하고 이루느니라 하라

하나님 손에 붙들린 자(겔 17:22~24)

역사적으로 볼 때 이스라엘은 참으로 어리석은 세월 속에 자신을 스스로 가둬놓은 대표적인 민족입니다. 자신들을 위한 하나님의 경고의 음성을 무시할 뿐만 아니라 배척하면서 자신들이 보기에 좋은 대로 살아갑니다. 여호와를 섬긴다고 하면서 우상을 숭배하는 혼합적 숭배 사상에 빠져듭니다. 이것이 하나님을 배반하는 행위임을 깨닫지도 못합니다. 하나님께서는 선지자들을 통해 영적으로 이들을 깨우지만 선지자들을 오히려 핍박하고 심지어 죽음의 골짜기까지 끌고 갑니다. 그 결과 이스라엘은 B.C. 586년, 다시는 돌아올 수 없는 멸망이라는 암울한 강을 건너게 됩니다.

우리는 에스겔 선지자를 통해 들려주는 하나님의 음성을

들어야 합니다. "나 여호와는 말하고 이루느니라"(겔 17:24) 여호와께서 말하고 이루고자 하는 일 가운데 진노하는 쪽이 아니라 하나님께서 원하는 열매를 맺어가는 쪽으로 이 음성이 들려야 합니다. 이런 가운데 하나님의 손에 붙들리는 자가 되어야 합니다. 우리는 하나님의 손에 붙들려 어떤 모습으로 거듭나고 어떤 열매를 맺어가는 그리스도인이 되어야 할까요?

(22) 하나님의 손에 붙들려 세상 가운데 심어진 자가 되어야 하며 하나님의 가치관으로 살아가면서 하나님의 결실을 맺어가는 자가 되어야 합니다

바벨론에 포로가 된 이스라엘을 향해 하나님께서는 에스겔 선지자의 입을 빌려 선민의 회복을 약속합니다. "내가 백향목 꼭대기에서 높은 가지를 꺾어다가 심으리라" (삼하 7:13)과 (16절)에서 다윗과 맺었던 '영원한 언약'의 말씀대로 두 가지를 약속합니다. 하나는 다윗의 후손을 바벨론의 포로로부터 빼낼 것을 약속합니다. "내가 백향목 꼭대기에서 높은 가지를 꺾어다가 심으리라!" 그리고 또 하나는 하나님께서 심을 것을 약속합니다. "내가 그 높은 새 가지 끝에서 연한가지를 꺾어 높고 우뚝 솟은 산에 심을 것이다!"

'새 가지 끝에 있는 연한 가지'는 눈에 보이는 것처럼 연약합니다. 그러나 하나님께서는 이런 '연약한 가지'를 꺾어서 '높고 우뚝 솟은 산에 심을 것'을 말씀합니다. 하나님께서 심는다는 것은 하나님이 원하는 결론을 맺는다는 의지를 내포하고 있습니다. 그리고 하나님께서 모든 것을 주관하시며 그 결실은 틀림없다는 것을 강조합니다.

이 땅에서 우리의 대속을 이루기 위한 그리스도의 사역은 마치 '연한가지'와도 같은 모습이었습니다. 하나님께서는 이런 연한가지와도 같은 예수님을 높고, 우뚝 솟은 산에 세웁니다. 그리고 만물로 하여금 그의 이름 앞에 무릎 꿇도록 합니다.(빌 2:10) 우리의 무너진 삶, 마치 '새 가지 끝의 연한 가지'와도 같습니다. 그러나 하나님께서는 이런 우리를 붙듭니다. 그리고 만집니다. 하나님의 손이 '새 가지 끝의 연한 가지'와도 같은 우리를 우뚝 솟은 산에 심습니다. 세상 가운데 존귀한 자로 거듭나게 합니다.

하나님의 손에 붙들려 존귀한 자로 거듭난 우리는 하나님의 가치관으로 세상 가운데 심어졌습니다. 하나님이 원하는 가치를 발하도록 하나님이 원하는 곳에 심어져야 합니다. 그리고 하나님의 영광을 더 높이는 그리스도인으로 거듭나는 신앙의 삶을 살아가는 자가 되어야 합니다.

(23) 하나님의 손에 심어진 가지가 되어 세상 가운데 여호와의 동산을 만들어가는 일에 영향력을 끼치는 참 그리스도인이 되어야 합니다

'새 가지 끝에서 연한가지'를 꺾었다는 것은 그 가지는 더 이상 생명력을 발할 수 없는 상태가 되었다는 것을 말합니다. 꺾어진 가지는 조경을 위한 꽃꽂이로 사용될 수는 있지만 열매를 맺는 생명력은 발할 수 없습니다. 그러나 전능하신 하나님에 의해 땅에 심어진 꺾어진 가지는 세상이 줄 수 없는 놀라운 두 가지의 역사를 일으킵니다. 첫 번째는 그 가지가 살아서 무성한 가지를 맺는 역사를 일으킵니다. 하나님께서 땅에 심은 꺾어진 가지는 세상에 의해 꺾임을 당한 가지와 달리 땅에 뿌리를 두게 되며, 무럭무럭 성장하여 수많은 가지를 만들어냅니다. 두 번째로 하나님에 의해 꺾어진 가지는 죽은 가지가 아니라 풍성한 열매를 맺는 아름다운 백향목이 되는 역사를 일으킵니다.

에스겔 선지자의 예언대로 이스라엘이 하나님의 손에 의해 새롭게 가꾸어집니다. 그러자 놀라운 역사가 일어납니다. B.C. 516년, 그들은 70년의 포로 생활을 뒤로하고 예루살렘을 향하는 해방을 맞이하게 됩니다. 우리는 하나님의 손에 심어진 그리스도인의 가지입니다. 우리는 땅에 심어진 그리스도인이라는 가지로 끝나지 않아야 합니다. 복음의 열매를 풍성하게 맺는 하나님 나라의 백향목인 그리스도인이 되어야 합니다. 그리고 길잃은 영혼들에게 영혼의 안식을 제공하며 여호와의 동산을 만들어가는 일에 영향력을 끼치는 그리스도인이 되어야 합니다.

(24) 하나님의 손에 붙들려 교만의 자리가 아니라 겸손의 자리에서 번영을 꿈꾸는 참 그리스도인이 되어야 합니다

세상에서 낮아짐을 당할 때 그 굴욕감과 모멸감은 자신의 영육을 완전히 무너뜨립니다. 그러나 하나님에 의해 낮아짐을 당한 자에게는 세상이 줄 수 없는 무언가가 그에게 생겨나게 됩니다. '겸손'입니다. 나무가 자라고, 풀이 자라기 위해서는 햇빛과 물이 있어야 하고, 성장에 따른 영양공급이 있어야 합니다. 이것을 누가 공급해 주나요? 하나님입니다. 나라와 개인의 흥망성쇠도 마찬가지입니다. 하나님께서 번영의 문을 열어주지 않으면 안 됩니다. 그러나 번영에도 (왕상 22:15)과 (시 73:12)의 말씀처럼 사탄의 세력에 의해 속임을 당하는 '거짓된 번영'도

있습니다.

하나님에 의한 번영은 먼저, 우리로 하여금 스스로를 돌아보게 하는 과정을 둔다는 것을 명심해야 합니다. "나 여호와는 높은 자를 낮추고" 여기서 '높은 자'는 교만한 자를 가리킵니다. (딤전 3:6)에 의하면 '교만'의 근원은 '마귀'로부터 말미암습니다. 지금 하나님의 손에 붙들려 낮은 자리에 임하였습니까? 하나님께서 번영의 자리에 올려놓기 위해 겸손의 자리로 나를 잠시 내려놓으셨다는 것을 아셔야 합니다. 하나님의 손에 붙들려 교만의 자리가 아니라 겸손의 자리에 먼저 세워져야 합니다. 그리고 하나님 나라의 번영을 꿈꾸며 나를 향해 일하고 계시는 하나님을 믿음으로 바라보는 참 그리스도인이 되어야 합니다.

(적용)

하나님의 손에 붙들려야 합니다. 말씀하신 것에 대해 그 뜻을 반드시 이루시는 하나님의 진노하심의 손길에 붙들려 바벨론에 끌려갔던 이스라엘 백성과 같은 자가 되어서는 안 됩니다. 하나님께서 원하시는 열매를 맺으려는 손길에 붙들려 새롭게 심어졌던 '다윗'과 같은 가지가 되어야 합니다.

하나님의 손에 붙들려 심어진 가지는 소망과 희망이 있습니다. 무성하고 열매를 맺어서 아름다운 백향목과 같이 세상 가운데 우뚝 세워짐이라는 역사를 맛보게 됩니다. 이렇게 하나님의 손에 붙들려 심어지고, 세워지고, 만들어진 우리는 하나님의 기쁨의 열매를 풍성히 맺어가는 아름다운 백향목이 되어야 합니다. 하나님의 기대를 저버리지 않는 백향목, 각종 새가 그 아래에 깃들이며, 그 가지 그늘에서 살도록 세상에 유익을 주는 백향목이 되어야 합니다. 하나님의 이름을 세상 가운데 더 높이고, 하나님의 영광을 드러내는 열매를 풍성하게 맺어가는 하나님 손에 붙들린 자가 되어야 합니다.

[생각하며 나누는 시간]

1. 하나님은 어떤 분인가요?

2. 하나님은 나를 통해 무엇을 이루길 원하실까요?

3. 나는 어떤 신앙의 모습으로 세워져야 할까요?

비뚤어진 선택 (겔 19:1~9)

19:1 너는 이스라엘 고관들을 위하여 애가를 지어

19:2 부르라 네 어머니는 무엇이냐 암사자라 그가 사자들 가운데에 엎드려 젊은 사자 중에서 그 새끼를 기르는데

19:3 그 새끼 하나를 키우매 젊은 사자가 되어 먹이 물어뜯기를 배워 사람을 삼키매

19:4 이방이 듣고 함정으로 그를 잡아 갈고리로 꿰어 끌고 애굽 땅으로 간지라

19:5 암사자가 기다리다가 소망이 끊어진 줄을 알고 그 새끼 하나를 또 골라 젊은 사자로 키웠더니

19:6 젊은 사자가 되매 여러 사자 가운데에 왕래하며 먹이 물어뜯기를 배워 사람을 삼키며

19:7 그의 궁궐들을 헐고 성읍들을 부수니 그 우는 소리로 말미암아 땅과 그 안에 가득한 것이 황폐한지라

19:8 이방이 포위하고 있는 지방에서 그를 치러 와서 그의 위에 그물을 치고 함정에 잡아

19:9 우리에 넣고 갈고리를 꿰어 끌고 바벨론 왕에게 이르렀나니 그를 옥에 가두어 그 소리가 다시 이스라엘 산에 들리지 아니하게 하려 함이라

비뚤어진 선택 (겔 19:1~9)

이스라엘은 침략과 몰락 그리고 국운이 기울어진 역사가 B.C. 609년부터 시작됩니다. 요시야가 애굽과 전투하다가 므깃도에서 전사합니다. 애굽은 예루살렘을 침공합니다. 요시야의 뒤를 이어 그의 아들 여호아하스가 왕위에 오르지만 애굽의 바로 느고에 의해 '석 달'만에 왕이 여호아하스에서 여호야김으로 바뀌는 초유의 사태가 일어납니다. 이스라엘의 비극의 역사는 여기서 끝나지 않습니다. B.C. 605년 바벨론에 의해 예루살렘이 침략당합니다.

바벨론의 느부갓네살에 의해 여호와김의 아들인 여호야긴이 왕이 됩니다. 비극의 역사가 반복됩니다. B.C. 597년 바벨론의 침공으로 왕과 백성들이 바벨론 포로로 끌려갑니다. 그리고 바벨론에 의해 시드기야가 왕으로 세워집니다. 그러나 B.C. 586년 바벨론의 침공으로 예루살렘의 성전이 무너지고, 이스라엘이 멸망하게 됩니다. 이런 멸망의 역사를 눈앞에 둔 B.C. 592년경이었습니다. 하나님께서는 에스겔에게 애굽으로 끌려가고, 바벨론에 끌려간 B.C. 609년, 605년, 597년의 역사를 되돌아보도록 합니다.

그리고 장차 맞이할 비극적 종말에 따른 애가를 지어 부르도록 합니다. 사람은 역사를 통해 과거를 알게 됩니다. 하나님께서는 과거의 역사를 통해 장차 될 일을 보게 합니다. 하나님께서는 하나님을 향해 비뚤어진 길을 걸었던 이스라엘의 역사를 통해 이 시대 가운데 세워진 우리를 향해 무엇을 깨닫게 하고 있을까요?

(1~4) 자신의 영광을 만들어가기 위해 모색한 잘못된 사고와 비뚤어진 선택은 자신을 무너뜨리는 초석이 된다는 것을 잊지 않아야 합니다

하나님께서는 에스겔에게 고관들을 위해 애가를 지어 부르도록 합니다. 그리고 이어 등장한 '암사자'는 민족으로서 '유다'를 상징합니다. 그리고 '사자들'은 남유다 역사 가운데 세워진 왕들이며, (2절)의 '젊은 사자'가 요시야라고 한다면 (3절)의 그 새끼 가운데 하나인 '젊은 사자'는 요시야의 아들 가운데 여호아하스를 상징하고 있습니다. 그는 (왕하 23:30)에 의하면 므깃도 전투에서 전사한 요시야의 뒤를 이어 왕으로 세워집니다. 그러나 왕위는 애굽의 바로 느고에 의해 '석 달'만에 여호야김으로 교체됩니다. 그리고 애굽으로 잡혀갑니다.

　하나님은 용맹하고, 능력이 있는 왕을 원하는 것이 아닙니다. 전능하신 하나님께서 능력을 주시면 그 용기와 능력은 세상이 감당할 수 없는 용기와 능력으로 나타납니다. 그러나 자기 영광을 만들기 위해 발버둥 쳤던 여호아하스는 '석 달'만에 막이 내려집니다. 그는 세상적으로 뛰어나고, 용맹한 사자와 같은 능력을 가지려고 하나님을 등지고, 세상을 선택합니다. 그러나 자기의 영광을 만들기 위한 잘못된 사고와 비뚤어진 선택은 결국 자신을 무너뜨리는 초석이 됩니다. 우리는 이런 역사적 사실을 되짚어보면서 하나님 앞에 정직한 신앙의 자세로 서는 것이 얼마나 중요한 것인지 깨달아야 합니다.

(5~7) 자신에게 주어진 기회를 신앙으로 승화시키지 못하고 세속의 길을 걷는 비뚤어진 선택은 참된 소망의 결실을 맺을 수 없습니다

여호아하스의 뒤를 이어 세워진 요시야의 또 다른 아들인 여호야김은 애굽의 바로 느고에 의해 유다의 왕으로 세워집니다. 그러나 그의 모습 또한 여호아하스를 벗어나지 못합니다. (왕하 23:37)은 이렇게 증거합니다. "여호야김이 그의 조상들이 행한 모든 일을 따라서 여호와 보시기에 악을 행하였더라" 하나님께서 주신 기회를 신앙으로 잡지 못합니다. (렘 22:13~19)에 의하면 여호야김은 백성의 무죄한 피를 흘리게 한 왕이었습니다. 그리고 하나님을 향한 불신앙을 지적하고 있는 하나님의 말씀을 기록하였던 두루마리를 칼로 자르고, 불살랐던 자입니다.

하나님께서 주신 기회를 신앙으로 잡지 못하고 세속의 곁길을 걸었던 여호야김이 바벨론에 포로로 끌려갑니다. 그 뒤를 아들이었던 여호야긴이 이어갑니다. 이것이 B.C. 597년경이었습니다. 그러나 그는 하나님을 향한 불순종의 대명사가 됩니다. 포악과 파괴적인 공포정치를 일삼습니다. "사람을 삼키며 그의 궁궐들을 헐고 성읍들을 부수니" 이 또한 자신에게 주어진 기회를 신앙으로 승화시키지 못합니다.

여호야긴은 (대상 36:9)에 의하면 '석달 열흘'로 끝납니다. 자신에게 주어진 기회를 신앙으로 승화시키지 못하고 세속의 길을 걷는 비뚤어진 선택은 참된 소망의 결실에 대해 맛도 보지 못합니다. 세속이 주는 영광은 없습니다. 몰락이고, 심판입니다. 주어진 기회를 신앙으로 승화시키지 못하고 세속의 길을 걷는 비뚤어진 선택은 참된 소망의 결실을 맺을 수 없다는 것을 잊지 않아야 합니다.

(8~9) 하나님 앞에 교만하고 악을 도모하는 비뚤어진 불신앙의 선택은 치욕의 길을 걷게 된다는 것을 잊지 않아야 합니다

하나님께서는 에스겔에게 자신들의 불신앙이 불러온 것이 어떤 결과를 낳았는지 역사를 통해 돌아보도록 합니다. 그리고 애가를 지어 부르도록 합니다. B.C. 597년 바벨론의 포악한 공격과 포로가 되어 끌려오는 과정 그리고 그발 강 가에서 살아가는 짐승보다 못한 포로 생활을 직접 겪었고, 지금도 겪고 있는 에스겔은 애가를 부릅니다. 마치 사냥꾼이 그물로 사로잡듯이 그리고 갈고리로 꿰어 낚이듯 끌려온 역사를 회상합니다. 몸서리치고 치가 떨립니다. 차라리 꿈이었으면 하는 생각이 절로

납니다.

여호야긴은 어린아이였을 때 여호아하스가 끌려가는 충격적인 장면을 목격했습니다. 그리고 자신의 아버지 여호야김이 끌려가는 비참한 장면을 목격했던 역사의 증인입니다. 두 번의 역사적 현장을 통해 하나님을 향한 불신앙이 얼마나 무서운 결과를 초래하는지 목격한 산 증인이었습니다. 그러나 '십팔 세'에 왕으로 세워진 여호야긴은 한술 더 뜨는 포악을 일삼습니다.

여호아하스, 여호야김 그리고 여호야긴의 몰락과 파멸은 자신들의 능력이 부족해서가 아닙니다. 하나님 앞에 교만하고 악을 도모하는 비뚤어진 불신앙의 선택이 낳은 결론이었습니다. 하나님께서 기회를 줬을 때 신앙으로 반응해야 합니다. 역사의 현장은 우리에게 이것을 적나라하게 펼쳐주고 있습니다. 하나님 앞에 교만하고 악을 도모하는 비뚤어진 불신앙의 선택은 어떤 영광도 없습니다. 치욕의 길을 걷게 된다는 것을 잊지 않아야 합니다.

(적용)

역사는 부인할 수 없는 증거물입니다. 하나님께서는 그발 강 가에 포로 가운데 놓인 에스겔을 선지자로 부르고 그에게 사명을 주면서 자신들이 지나왔던 과거의 역사를 되돌아보도록 합니다. 나라가 패망하고, 자신들이 포로 가운데 놓인 원인이 하나님을 향한 불신앙과 불의의 값에 따른 공의의 결과라는 것을 되돌아보도록 합니다. 그리고 이것을 잊지 않도록 애가를 지어 부르도록 합니다.

하나님께서 회개의 기회를 주셨고, 자신의 위치에서 신앙의 바른 선택을 하도록 길을 열어줬습니다. 그럼에도 불구하고 자기의 영광을 만들고, 세속이 주는 눈먼 영광을 바라봤던 여호아하스, 여호야김 그리고 여호야긴의 비뚤어진 선택은 처참한 최후의 길을 걷습니다. 역사는 이것을 증명하고 있습니다. (시 1:3)의 말씀처럼 시냇가에 심은 나무는 철을 따라 열매를 맺습니다. 그리고 증거합니다. "그가 하는 모든 일이 다 형통하리로다" 신앙의 바른 선택으로 자신의 길을 형통하게 만들어가는 복 있는 자가 되어야 합니다.

[생각하며 나누는 시간]

1. 하나님은 어떤 분인가요?

2. 하나님은 나를 통해 무엇을 이루길 원하실까요?

3. 나는 어떤 신앙의 모습으로 세워져야 할까요?

하나님을 향한 첫 열매의 신앙 (겔 20:40~44)

20:40 주 여호와의 말씀이니라 이스라엘 온 족속이 그 땅에 있어서 내 거룩한 산 곧 이스라엘의 높은 산에서 다 나를 섬기리니 거기에서 내가 그들을 기쁘게 받을지라 거기에서 너희 예물과 너희가 드리는 첫 열매와 너희 모든 성물을 요구하리라

20:41 내가 너희를 인도하여 여러 나라 가운데에서 나오게 하고 너희가 흩어진 여러 민족 가운데에서 모아 낼 때에 내가 너희를 향기로 받고 내가 또 너희로 말미암아 내 거룩함을 여러 나라의 목전에서 나타낼 것이며

20:42 내가 내 손을 들어 너희 조상들에게 주기로 맹세한 땅 곧 이스라엘 땅으로 너희를 인도하여 들일 때에 너희는 내가 여호와인 줄 알고

20:43 거기에서 너희의 길과 스스로 더럽힌 모든 행위를 기억하고 이미 행한 모든 악으로 말미암아 스스로 미워하리라

20:44 이스라엘 족속아 내가 너희의 악한 길과 더러운 행위대로 하지 아니하고 내 이름을 위하여 행한 후에야 내가 여호와인 줄 너희가 알리라 주 여호와의 말씀이니라

하나님을 향한 첫 열매의 신앙 (겔 20:40~44)

애굽의 종살이 430년을 정리하고 가나안 땅을 하나님으로부터 기업으로 허락받은 이스라엘, 그들을 향해 하나님께서는 '유월절'과 '맥추절', '초막절'이라는 세 가지 '절기'를 제정합니다. 그리고 이 '세 절기'를 통해 자신들의 과거를 잊지 않도록 합니다. 애굽에서 종이 되었던 모습 그리고 이런 자신들을 애굽으로부터 구원해 내신 하나님의 은혜를 잊지 않도록 합니다. 하나님께서는 절기로 지키는 이 날을 하나님께 예배함으로 나아오도록 명합니다.

'유월절'은 출애굽을 기억하는 날입니다. 구원을 받아 '거룩한 백성'으로 역사적 '첫 출발'을 내디딘 날입니다. 이런 유월절이 있은 날로부터 칠 주가 지난날에 드리는 절기를 제정합니다. '맥추절'입니다. 유월절로부터 칠 주가 지났다고 하여 일명 '칠칠절'이라고도 부릅니다. '맥추절'은 종 되었던 그들이 주인이 되어 가나안 땅에서 '첫 번째 열매'를 얻은 날을 기념하여 드리는 절기입니다. 한 해의 수확을 허락하신 하나님께 '첫 열매'를 맺은 예물을 드리는 '맥추절'의 절기를 통해 우리는 무엇을 깨달아야 할까요? 하나님께 '첫 열매'를 드리는 '맥추절'은 신앙과 관련하여 우리에게 어떤 깨달음을 주고 있을까요?

(40) 하나님께서 기뻐 받으시는 첫 열매의 모습을 잃어버리지 않도록 오직 하나님 한 분만을 섬기는 신앙에 변함이 없어야 합니다

가나안의 주인은 자신들이 아니라 하나님이라는 것을 이스라엘은 잊어버립니다. 하나님의 은혜 가운데 세워진 '첫 열매'로서 하나님을 배반하면 존재 자체를 논할 수 없다는 것을 잊어버립니다. 이들은 어떤 경우에도 잊어버리면 안 되는 것을 잊어버립니다. 우상을 섬기며 하나님의 영광을 가리고 온갖 불의와 불법을 자행하던 이들에게 '그날'이 찾아왔습니다. 바벨론에 의한 침공은 B.C. 605년으로 끝나지 않았습니다.

B.C. 597년과 B.C. 586년의 침공은 나라를 멸망의 길

로 인도합니다. 소망과 희망이라는 단어가 자신들에게 마치 사치와도 같았습니다. 하나님께서는 에스겔 선지자를 통해 중요한 말씀을 전합니다. "이스라엘 족속아! 너희가 내 말을 듣지 아니하려거든 가서 각각 그 우상을 섬기라 이 후에 다시는 너희 예물과 너희 우상들로 내 거룩한 이름을 더럽히지 말지니라!"(겔 20:39) 자신들의 죄악 된 모습을 떨쳐버리고 하나님께로 온전히 돌아설 것인지 아니면 우상숭배와 불의와 불법 가운데 그대로 살아갈 것인지 양단의 결정을 내리도록 합니다. 만약 하나님께 드려진 '첫 열매'의 모습으로 회복되길 원한다면 포로 된 자가 아니라 주인 된 자로서 맥추절의 결실을 얻게 될 것을 약속합니다.

　우리는 예수 그리스도를 구세주로 믿은 '믿음의 열매'입니다. 하나님의 '기쁨의 열매'입니다. 예수 그리스도 안에서 새롭고, 거룩함으로 거듭난 '첫 열매'입니다. 하나님이 기뻐하는 '첫 열매'의 모습을 잃어버리지 않아야 합니다. 주님께서 소아시아 일곱교회를 향해 책망할 때 첫 번째로 책망을 받았던 에베소 교회의 책망은 하나님을 향한 '처음 사랑'을 버린 것에 대한 책망이었습니다.(계 2:4) 오늘도 하나님이 나를 기뻐 받으시는 '첫 열매'의 예물과 같은 모습이 되어야 합니다. 오직 하나님 한 분만을 섬기는 신앙에 변함이 없는 '첫 열매'의 모습으로 하나님께 드려지는 자가 되어야 합니다.

(41~43) 하나님을 바르게 알기를 갈망하며 하나님을 바르게 섬기는 신앙의 모습으로 하나님께 드려진 첫 열매가 되어야 합니다

하나님께서 기뻐 받으시는 첫 열매와 같은 신앙의 모습으로 회복되었을 때 하나님은 그 모습을 예물로 받으시겠다고 말씀합니다. 그리고 흩어진 포로의 땅에서 다시 돌아올 것을 약속하면서 이스라엘 백성들이 그 땅의 주인이 된 사실을 만방이 보게 될 것이라고 에스겔 선지자를 통해 말씀합니다. 하나님께서는 이스라엘 백성들에게 하나님이 어떤 분인지 그들의 개념을 다시 바르게 세웁니다. "너희는 내가 여호와인 줄 알리라!"

이스라엘 백성들이 영적 흑암에 가려있을 때는 하나님이 어떤 분인지 잊었을 뿐만 아니라 자신들의 실체가 얼마나 추한 모습을 하고 있는지 알지 못했습니다. 이것이 영적 흑암이 가져다주는 실체입니다. 그러나 하나님이 어떤 분인지 아는 그 순간 그들은 자신들의 모습을 보기 시작합니다. 하나님 앞에 얼마나 추하고, 더러운 모습을 하고 서 있었는지 보게 됩니다.

내가 가장 귀하게 여기고, 내가 가장 중요하게 여겼던 것이 하나님을 향한 불신앙과 관련이 있다면 그 걸음을 멈춰야 합니다. 하나님을 바르게 아는 신앙의 모습으로 자신을 세워야 합니다. 왜냐하면 그 신앙의 모습은 두 가지의 역사를 일으키기 때문입니다. 첫 번째는 하나님께 영광을 돌리는 역사를 일으킵니다. 두 번째는 하나님으로부터 '열 배', '백 배'의 결실이라는 갑절의 축복으로 응답을 받습니다.

(잠 15:21)의 말씀처럼 하나님을 알지 못하는 '무지한 자'는 하나님을 떠나는 것을 가볍게 여깁니다. 그러나 하나님을 바르게 아는 '명철한 자'는 신앙으로 '자신의 길'을 '바르게' 세워 나갑니다. 하나님을 향하지 못하게 하는 모든 악을 미워해야 합니다. 그리고 하나님을 바르게 섬기는 신앙의 모습으로 하나님께 드려진 '첫 열매'가 되어야 합니다.

(44) 절대 주권자 되시는 하나님의 은혜로 내가 구원의 반열에 서게 되었고 하나님의 은혜로 첫 열매를 성물로 드릴 수 있었다는 것을 잊지 않아야 합니다

바벨론의 포로였던 이스라엘 백성들이 '첫 열매의 소산'을 하나님께 드릴 수 있게 되었다는 것은 두 가지의 의미를 내포하

고 있습니다. 포로로부터의 해방 그리고 하나님께서 그들의 기업을 회복시켜 주셨다는 것을 말하고 있습니다. 이 모든 것들이 이스라엘의 어떤 선한 행위로 된 것이 아니라 하나님의 은혜를 바탕으로 한, 하나님의 절대 주권적 행위로 일어날 것임을 에스겔 선지자는 예언합니다. 이스라엘의 원래의 모습을 말한다면 그들은 (창 6:13)에 등장하는 노아시대 때의 모습과 동일했습니다. 포악하고, 더러운 행위로 가득 찬 그들은 홍수심판을 눈앞에 둔 무리의 모습을 하고 있었습니다.

우리가 구원의 반열에 서게 된 것과 '첫 열매의 소산'을 하나님께 드릴 수 있게 된 것은 모두가 다 하나님의 전적인 은혜로 말미암아 이루어진 것입니다. 하나님께서 우리의 악하고 더러운 행위대로 모든 것을 갚으셨다면 우리에게는 오직 한 가지만 성립이 됩니다. 멸망입니다. 하나님의 절대 주권인 하나님의 은혜로 말미암아 내가 구원의 반열에 서게 되었다는 것과 하나님의 은혜로 첫 열매를 성물로 드릴 수 있는 위치에 세워지게 되었다는 것을 잊지 않아야 합니다. 하나님의 전적인 은혜를 잊어버리는 배은망덕한 자가 되지 않아야 합니다.

(적용)

그 해 농사의 '첫 열매'를 하나님께 드리는 맥추절에는 예물이 가지는 특별한 의미가 있습니다. 드려진 예물에는 '모든 것은 하나님의 것입니다'라는 고백과 함께 하나님의 은혜를 기억하게 합니다. 하나님을 향한 '첫 열매의 신앙'은 하나님과 나와의 관계를 분명하게 세워줍니다. 하나님의 절대적 주권과 만물을 주관하시는 하나님은 화복의 주관자라는 것을 잊지 않게 합니다. 하나님을 향한 '첫 열매의 신앙'으로 자신을 세워나가야 합니다. 오직 하나님 한 분만을 섬기는 신앙에 변함이 없는 '첫 열매의 신앙', 하나님의 은혜를 잊어버리지 않는 '첫 열매의 신앙'으로 자신을 바르게 세워나가야 합니다.

[생각하며 나누는 시간]

1. 하나님은 어떤 분인가요?

2. 하나님은 나를 통해 무엇을 이루길 원하실까요?

3. 나는 어떤 신앙의 모습으로 세워져야 할까요?

신앙의 바른 자세 (겔 23:1~10)

23:1 또 여호와의 말씀이 내게 임하여 이르시되
23:2 인자야 두 여인이 있었으니 한 어머니의 딸이라
23:3 그들이 애굽에서 행음하되 어렸을 때에 행음하여 그들의 유방이 눌리며 그 처녀의 가슴이 어루만져졌나니
23:4 그 이름이 형은 오홀라요 아우는 오홀리바라 그들이 내게 속하여 자녀를 낳았나니 그 이름으로 말하면 오홀라는 사마리아요 오홀리바는 예루살렘이니라
23:5 오홀라가 내게 속하였을 때에 행음하여 그가 연애하는 자 곧 그의 이웃 앗수르 사람을 사모하였나니
23:6 그들은 다 자색 옷을 입은 고관과 감독이요 준수한 청년이요 말 타는 자들이라
23:7 그가 앗수르 사람들 가운데에 잘 생긴 그 모든 자들과 행음하고 누구를 연애하든지 그들의 모든 우상으로 자신을 더럽혔으며
23:8 그가 젊었을 때에 애굽 사람과 동침하매 그 처녀의 가슴이 어루만져졌으며 그의 몸에 음란을 쏟음을 당한 바 되었더니 그가 그 때부터 행음함을 마지아니하였느니라
23:9 그러므로 내가 그를 그의 정든 자 곧 그가 연애하는 앗수르 사람의 손에 넘겼더니
23:10 그들이 그의 하체를 드러내고 그의 자녀를 빼앗으며 칼로 그를 죽여 여인들에게 이야깃거리가 되게 하였나니 이는 그들이 그에게 심판을 행함이니라

신앙의 바른 자세 (겔 23:1~10)

　　이스라엘의 역사 가운데 가장 지워버리고 싶은 순간이 있다면 단연코 B.C.. 930년(남과 북으로 갈라짐)과 722년(북이스라엘 멸망) 그리고 586년(유다 멸망)의 역사일 것입니다. 왜냐하면 이때 이스라엘은 나라가 둘로 나누어졌으며, 이스라엘이라는 나라가 지도에서 사라지는 뼈아픈 사건을 담고 있었기 때문입니다. 이스라엘은 왜! 이런 뼈아픈 역사를 가져야만 했을까요? 원인은 하나님을 향한 신앙이 바르지 못했기 때문입니다. 이스라엘의 분열과 멸망은 우상숭배와 불의에 따른 하나님의 공의의 값이었습니다.

　　세상 사람들은 하나님을 향한 신앙보다 눈에 보이는 현실을 더 중요하게 여깁니다. 이스라엘이 멸망의 역사를 써내려 가게 되었던 핵심적인 원인도 여기에 있었습니다. 하나님께서는 오홀라와 오홀리바의 행음을 사마리아(북이스라엘)와 예루살렘(유다)의 신앙에 비유합니다. 그리고 하나님을 향한 이스라엘의 신앙이 어떠한지 돌아보도록 합니다. 하나님을 향한 신앙! 과연 하나님을 향한 신앙은 어떤 모습으로 세워져야 할까요?

(1~4) 하나님을 향한 신앙은 자신의 필요를 채우기 위한 수단이 아니라 하나님 앞에 순결한 신부의 모습으로 세워나가는 것을 필요로 하고 있습니다

이스라엘이 남과 북으로 갈라졌을 때 여로보암(1세)은 최남단의 '벧엘'과 최북단의 '단'에 '금송아지 우상'을 세웁니다. 그리고 백성들에게 공포합니다. "이것이 하나님이다!" 하나님께서는 이런 북이스라엘을 가리켜 '그녀의 장막'이라는 뜻을 가진 '오홀라'로 칭합니다. 그리고 유다는 '나의 장막이 그녀 가운데 있다'라는 뜻을 가진 '오홀리바'로 호칭합니다. 이들은 하나님을 섬긴다고 하면서 우상과 함께합니다. 아예 우상을 대놓고 섬기기까지 합니다. 남과 북 모두 자신들의 목적을 이루기 위해 하나님을 향한 신앙을 이용하고 있었습니다.

신앙은 하나님께서 말씀하신 것을 지켜, 준행하는 것을 가리키는 말입니다. 하나님께서는 계명을 주시면서 어떤 경우도 우상을 섬기는 일이 없도록 명하셨습니다. 그러나 이스라엘의 모습은 자신들이 원하는 것을 만들어가고, 채우기 위해 이방인들의 우상을 불러들입니다. 심지어 이방인들의 우상을 접목하여 혼합적 신앙을 만들어냅니다. 이런 이스라엘의 모습을 가리켜 "행음하고 있다"라고 말씀하면서 '오홀라'와 '오홀리바'로 칭하고 있습니다. 하나님의 공의가 강력하게 역사할 것을 예고하고 있습니다.

신앙은 자신의 환경과 자신의 야망을 채우기 위해 등장하는 수단 가운데 하나가 아닙니다. 신앙은 필연적 요소를 담고 있습니다. 신앙은 창조주를 향하는 창조주의 창조 목적을 담고 있어야 합니다. 그러니 신앙은 무엇보다 창조주 되시는 하나님을 경배하는 순결함이 있어야 합니다. 마치 순결한 신부와 같은 모습입니다. 신앙은 만들어진 것이 아닙니다. 창조의 근본과 원리 가운데 묻어있는 근원적인 요소입니다. 이것을 잊지 말아야 합니다. 그리고 하나님 앞에 순결한 신부의 모습처럼 자신을 세워나가야 한다는 것을 늘 기억하고 있어야 합니다.

(5~8) 하나님을 향한 신앙은 세상 방법에 의존하는 모습이 아니라 하나님의 말씀을 지켜, 준행하는 신앙의 자세를 필요로 하고 있습니다

사람은 누구든지 태어나면서 '신'에 대한 의식을 가지고 태어납니다. 사탄은 이런 인간의 속성을 십분 활용합니다. "하나님만이 신이 아니다!" 사탄은 사람들에게 이런 마음을 주기 시작합니다. 사람들은 우상을 만듭니다. 온갖 우상들이 만들어집니다. '사자', '황소', '독수리', '개구리', '뱀' 등 두려움의 대상에서부터 다산을 상징하는 동물에 이르기까지 '우상'으로 가득합니다. 이런 바탕 가운데 '가정 수호신'과 '지역 신' 그리고 '민족 신' 등 다양한 신이 생겨납니다. 여기에 한발 더 나아가 고대 시대는 다른 민족들과의 전쟁을 '신들의 전쟁'으로 여기고 있었습니다. 전쟁의 승리는 곧 자신이 섬기는 신의 승리였습니다.

이스라엘 백성들은 당대 최고의 제국을 형성하고 있었던 앗수르의 힘에 매료됩니다. 그들은 앗수르의 환심을 사려고 온갖 추태를 부립니다. 조공을 바칩니다. 그것도 모자라 앗수르가 섬기는 '신'을 따릅니다. 앗수르의 마음에 흡족하도록 그들의 신을 인정합니다. 앗수르가 강력한 것은 곧 그 신의 능력 가운데 나타나는 강력함이라고 보고 그 신의 능력에 의지합니다. 그러나 자신의 유익을 얻기 위해 세상을 의지하는 순간 내 생각과 내 마음은 이미 하나님을 떠나게 됩니다. 이스라엘처럼 어떻게 하면 앗수르에게 잘 보일 것인지 이것만을 궁리하게 됩니다.

　세상에서 섬기는 신이 우상이라면 하나님은 전능하신 분입니다. 우상은 살아 있지 않은 가짜 신이지만 여호와 하나님은 어제나 오늘이나 언제나 동일하게 역사하는 살아계신 하나님입니다. 이런 하나님과 동행하는 신앙의 자세가 필요합니다. 자신의 유익을 구하기 위해 세상 방법에 의존하게 되면 사람의 육체적 본성뿐만 아니라 정신적 죄의 본성인 욕망이 그 사람을 다스리게 됩니다. 날마다 자신의 모습을 말씀의 거울에 비추어보고 죄악의 찌끼를 회개를 통해 씻어내야 합니다. 그리고 하나님의 말씀을 지켜, 준행하는 신앙의 자세를 가져야 합니다.

(9~10) 하나님을 향한 신앙은 자신이 원하는 것을 얻기 위해 달려가는 모습이 아니라 하나님의 영광을 위해 달려가는 신앙의 모습이 되어야 합니다

　자신이 원하는 것을 얻기 위해 이스라엘은 불의하고 부정한 방법을 총동원합니다. 앗수르를 통해 자신들이 원하는 것을 얻을 수 있다고 생각합니다. 그러나 자신들이 그토록 믿었던 앗수르가 본색을 드러냅니다. 치욕과 강탈로 이스라엘을 완전히 짓밟아버립니다. 자신들이 원하는 것을 얻기 위한 달콤한 음행의 대가는 너무나도 그 값이 컸고, 가혹했습니다. 하나님을 떠나 부정과 불의에 의존하는 자는 자신이 의존했던 그 부정과 불의로 인해 오히려 쫓김과 무너짐을 당하게 됩니다.

자신이 원하는 것을 얻기 위해 하나님을 버리고 세상 속에서 불의와 부정을 구하는 자는 자신의 전부를 잃게 됩니다. 무엇을 행하든지 오직! 하나님의 영광을 위해 달려가는 자는 하나님께서 축복하신 (창 1:28)의 축복이 자신의 모든 삶의 터전 위에서 일어납니다. 뿐만 아닙니다. 하나님께서 친히 군대의 장관이 되어주셔서 어떤 악한 세력도 자신을 무너뜨리지 못하도록 지켜, 보호해 줍니다. 오늘도 하나님의 영광을 위해 힘 있게 달려가는 신앙의 모습이 되어야 합니다.

(적용)

세상 사람들은 눈에 보이지 않는 하나님보다 눈에 보이는 현실을 더 중요하게 여깁니다. 화려한 장막을 꿈꾸며 야심 속에 살아갔던 사람들을 보십시오! 그 사람들의 대부분의 결말이 어떻게 종지부를 찍고 있습니까? 세상은 개인의 욕망을 채우기 위해 존재하고 있는 것이 아닙니다. 세상은 하나님의 뜻을 이루어가기 위해 존재합니다. 하나님은 세상의 주인입니다. 주인의 뜻을 구하지 아니하고 자신이 이 세상에서 무언가를 이루겠다는 것은 모순입니다. 세상을 야심으로 좇아가다 보면 누구를 막론하고 한 세력에 의해 다스림을 받게 됩니다. 사탄의 세력입니다.

하나님께서 북이스라엘을 '오홀라'라 부르고, 남 유다를 '오홀리바'라 부른 것을 명심하셔야 합니다. 자신의 필요와 욕망을 채우는 자가 아니라 하나님의 영광을 위해 달려가는 바른 신앙의 자세를 가져야 합니다. 하나님께서는 이런 우리를 향해 약속하셨습니다. "생육하고! 번성하고! 땅에 충만하여라!"

[생각하며 나누는 시간]

1. 하나님은 어떤 분인가요?

2. 하나님은 나를 통해 무엇을 이루길 원하실까요?

3. 나는 어떤 신앙의 모습으로 세워져야 할까요?

신앙의 바른 자세(겔 23:1~10)

신앙의 녹을 닦아내어라 (겔 24:1~14)

24:1 아홉째 해 열째 달 열째 날에 여호와의 말씀이 내게 임하여 이르시되
24:2 인자야 너는 날짜 곧 오늘의 이름을 기록하라 바벨론 왕이 오늘 예루살렘에 가까이 왔느니라
24:3 너는 이 반역하는 족속에게 비유를 베풀어 이르기를 주 여호와께서 이같이 말씀하시기를 가마 하나를 걸라
24:4 건 후에 물을 붓고 양 떼에서 한 마리를 골라 각을 뜨고 그 넓적다리와 어깨 고기의 모든 좋은 덩이를 그 가운데에 모아 넣으며 고른 뼈를 가득히 담고 그 뼈를 위하여 가마 밑에 나무를 쌓아 넣고 잘 삶되 가마 속의 뼈가 무르도록 삶을지어다
24:5 (4절과 같음)
24:6 그러므로 주 여호와께서 이같이 말씀하셨느니라 피를 흘린 성읍, 녹슨 가마 곧 그 속의 녹을 없이하지 아니한 가마여 화 있을진저 제비 뽑을 것도 없이 그 덩이를 하나하나 꺼낼지어다
24:7 그 피가 그 가운데에 있음이여 피를 땅에 쏟아 티끌이 덮이게 하지 않고 맨 바위 위에 두었도다
24:8 내가 그 피를 맨 바위 위에 두고 덮이지 아니하게 함은 분노를 나타내어 보응하려 함이로라
24:9 그러므로 주 여호와께서 이같이 말씀하셨느니라 화 있을진저 피를 흘린 성읍이여 내가 또 나무 무더기를 크게 하리라
24:10 나무를 많이 쌓고 불을 피워 그 고기를 삶아 녹이고 국물을 졸이고 그 뼈를 태우고

24:11 가마가 빈 후에는 숯불 위에 놓아 뜨겁게 하며 그 가마의 놋을 달궈서 그 속에 더러운 것을 녹게 하며 녹이 소멸되게 하라

24:12 이 성읍이 수고하므로 스스로 피곤하나 많은 녹이 그 속에서 벗겨지지 아니하며 불에서도 없어지지 아니하는도다

24:13 너의 더러운 것들 중에 음란이 그 하나이니라 내가 너를 깨끗하게 하나 네가 깨끗하여지지 아니하니 내가 네게 향한 분노를 풀기 전에는 네 더러움이 다시 깨끗하여지지 아니하리라

24:14 나 여호와가 말하였은즉 그 일이 이루어질지라 내가 돌이키지도 아니하고 아끼지도 아니하며 뉘우치지도 아니하고 행하리니 그들이 네 모든 행위대로 너를 재판하리라 주 여호와의 말씀이니라

신앙의 녹을 닦아내어라 (겔 24:1~14)

이스라엘은 특별한 나라입니다. 이스라엘이 특별하다는 것은 그들이 다른 민족보다 뛰어나기 때문에 특별하다는 것이 아닙니다. 하나님의 언약으로 세워진 나라이기 때문에 특별하다는 것입니다. 하나님께서는 아브라함과 맺은 언약을 이루기 위해 이스라엘 자손들을 애굽으로부터 빼냅니다. 그리고 약속의 땅을 향하도록 합니다. 그전에 먼저 한 장소에 머물도록 합니다. 시내 산입니다. 그곳에서 애굽의 우상으로 뒤덮인 신앙의 녹을 닦아냅니다. 하나님 나라는 우상의 요소와 함께할 수 없기 때문입니다. 그러니 십계명을 주실 때도 첫 번째와 두 번째 계명이 우상의 녹을 닦아내는 내용을 다루고 있었습니다.

에스겔은 환상 중에 기이한 한 현상을 봅니다. 그것은 다름 아닌 녹슨 가마였습니다. 하나님께서는 녹슨 가마의 비유를 통해 이스라엘을 향한 하나님의 심판을 계시합니다. 녹슨 가마! 녹슨 가마는 예루살렘에 임할 심판의 임박함을 알리고 있었습니다. 하나님께서는 왜! 녹슨 가마를 통해 심판을 알렸을까요?

(1~5) 하나님을 욕되게 만드는 우상숭배와 불의와 부정, 거짓과 위선으로 포장된 녹슨 가마와 같은 신앙은 하나님의 공의에 따른 진노를 면하지 못합니다

하나님께서는 바벨론의 포로 상태에 있는 에스겔에게 장차 일어날 일에 대해 말씀을 줍니다. 그리고 하나님의 말씀이 자신에게 임한 날이 '아홉째 해 열째 달 열째 날'이라는 것을 정확하게 기록하도록 합니다. 이날은 당시 유다 왕이었던 여호야긴을 비롯한 왕족들과 에스겔이 바벨론에 포로로 끌려온 지 9년이라는 시간이 흘렀던 B.C. 588년이었습니다. 이때 예루살렘에는 꿈에도 생각하기 싫은 끔찍한 일이 벌어지고 있었습니다. 바벨론에 의해 예루살렘이 포위를 당합니다. 멸망을 눈앞에 두고 있었습니다. 하나님께서는 이날을 이스라엘의 '국치일'로 기록하도록 합니다. 그리고 이스라엘을 '내 백성'이라 부르지 않고 '반역한 족속'이라 부릅니다.

하나님은 에스겔로 하여금 '가마'를 하나 걸도록 명합니다. 그 가마 안에 양을 한 마리 잡아 각을 뜨고 조각을 내어 큰 가마솥에 고기와 뼈를 모두 넣도록 합니다. 그리고 가마솥에 들어 있는 뼈가 무르도록 불을 지피도록 합니다. 가마는 예루살렘이었습니다. 불은 예루살렘을 포위하고 있는 바벨론을 상징합니다. 각을 뜬 고기는 이스라엘 백성들입니다. 그리고 '뼈'는 예루살렘 성읍의 지도자들과 귀족들을 상징합니다. "가마 속의 뼈가 무르도록 삶을 지어다!"

우상숭배와 불의와 부정 그리고 거짓과 위선으로 가득 찬 예루살렘은 이미 하나님을 예배하는 장소가 아니었습니다. 하나님을 영화롭게 한다면서 하나님을 욕되게 하고, 자신이 영광을 받는 녹슨 가마와 같은 위선적인 신앙은 하나님의 공의에 따른 진노를 피할 수 없다는 것을 잊지 않아야 합니다.

(6~8) 날마다 말씀의 기름으로 세속에 찌든 녹을 닦아내지 못한 녹슨 가마의 신앙은 하나님의 진노를 면하지 못합니다

녹이 제거되지 않은 가마솥으로 만들어진 음식은 아무리

좋은 재료를 가지고 음식을 만들어도 그 음식은 먹지 못합니다. 음식에 녹물이 뒤섞였기 때문입니다. 성전이 있는 예루살렘을 가리켜 '녹슨 가마'라고 부릅니다. "피 흘린 성읍, 녹슨 가마 곧 그 속의 녹을 없이 하지 아니한 가마여 화 있을진저!" 하나님의 말씀으로 자신을 세우지 못하고 각종 우상과 죄악 가운데 놓인 녹슨 가마와 같은 예루살렘은 각종 범죄와 부정부패 그리고 영적, 도덕적으로 타락의 온상이 됩니다. "화 있을진저 제비 뽑을 것도 없이 그 덩이를 하나하나 꺼낼지어다!" 그 가마솥에는 먹을 만한 것이 하나도 없습니다.

예루살렘이 녹슨 가마와 같이 된 것은 눈에 보이지 않는 작은 것으로부터 시작되었습니다. 하나님의 관점이 아니라 자기 중심으로 판단하는 것을 용납하고, 수용하는 작은 녹으로부터 시작되었습니다. 이것이 서서히 영적 마비 상태를 불러오게 되었던 것입니다. 에스겔 선지자는 '피를 맨 바위 위에 두었다'라는 표현을 통해 그들이 얼마나 죄에 대해 뻔뻔해졌는지 신앙의 가책을 느끼지 못하고 죄를 공공연히 저질렀다고 말합니다.

죄의 녹은 '편리'와 '다음'을 통해 우리로부터 회개를 밀어냅니다. 날마다 나의 모습을 말씀의 기름으로 세속에 찌든 녹을 닦아내야 합니다. 한번이 아니라 계속되어야 합니다. 멈추지 않아야 합니다. 그렇지 못하면 죄를 즐기는 녹슨 가마의 모습을 하게 됩니다. 녹슨 가마의 신앙은 하나님의 진노를 면하지 못한다는 것을 잊지 않아야 합니다.

(9~14) 세속에 물든 녹슨 가마와 같은 공동체는 하나님의 극렬한 진노의 심판을 면하지 못합니다

녹이 살짝 들은 가마솥의 녹은 그리 어렵지 않게 벗겨집니다. 그러나 쌓인 녹이 두꺼워질수록 그 강도는 달라집니다. 자신이 저지른 잘못을 발견하지 못하던 사람이 자신의 잘못에 대한 증거와 그에 따른 처벌을 알게 되면 그 사람에게 제일 먼저 어떤 반응이 일어날까요? "잘못했습니다! 용서해주세요!"라고 선처를 호소합니다. 그러나 이스라엘은 달랐습니다. 그들은 하나님께서 보낸 선지자들이 자신들의 죄에 대해 지적하고 그에 따른 심판을 경고했음에도 불구하고 회개는 고사하고 예루살렘이 멸망하는 그 순간까지 죄악 가운데 매여 있었습니다.

세속화에 물든 사람들은 절대로 하나님을 바라보지 않는다는 특징을 가지고 있습니다. 세속화로 녹슨 가마가 되어버린 사회는 회개를 촉구하는 하나님의 심판을 회개의 신호로 받아들이지 않습니다. 원망과 원수의 개념으로 받아들입니다. 교회 공

동체도 세속화로 물들어버리면 예외가 아닙니다. 녹슨 가마가 됩니다. 세속에 물든 녹슨 가마와 같은 공동체는 하나님의 극렬한 진노의 심판을 면하지 못합니다. 하나님을 예배하고, 말씀을 가르치고, 복음을 전하는 사역에 세속화가 들어오지 못하도록 녹을 닦아내야 합니다.

(적용)

하나님의 말씀은 온데간데없고 겉의 화려함을 통해 능력을 자랑하는 성장 중심주의 교회는 신앙을 녹슬게 만듭니다. 외형주의 우상숭배입니다. 닥쳐올 종말을 바라보면서 성도들로 하여금 영적으로 경종을 울리는 것이 아니라 어떻게 하면 잘되는지를 가르치는 맘몬주의 우상에 빠져들게 만듭니다. 녹슨 가마솥입니다. 하나님의 진노를 피하지 못합니다. 예루살렘의 녹슨 가마를 돌아보면서 신앙의 화려함을 만들어가는 신앙이 아니라 교회 안과 성도들 속에 묻어있는 찌든 녹을 닦아내는 회개 운동이 일어나야 할 때라는 것을 되돌아보게 합니다.

이제 종말의 날이 얼마 남지 않았습니다. 불의한 방법으로 재물을 모으는 자, 거짓과 위선의 이중 신앙생활을 하는 자, 녹슨 가마솥의 신앙은 하나님의 진노의 불을 피하지 못합니다. 녹을 닦아내야 합니다. 나의 영육간의 녹을 닦아내야 합니다. 우리 가정과 자녀들에게 그리고 교회 공동체 가운데 묻어있는 신앙의 녹을 닦아내야 합니다. 하나님의 관점으로 말씀의 거울에 자신과 교회를 비춰봐야 합니다.

[생각하며 나누는 시간]

1. 하나님은 어떤 분인가요?

2. 하나님은 나를 통해 무엇을 이루길 원하실까요?

3. 나는 어떤 신앙의 모습으로 세워져야 할까요?

책임감 있는 파수꾼 (겔 33:1~9)

33:1 여호와의 말씀이 내게 임하여 이르시되
33:2 인자야 너는 네 민족에게 말하여 이르라 가령 내가 칼을 한 땅에 임하게 한다 하자 그 땅 백성이 자기들 가운데의 하나를 택하여 파수꾼을 삼은
33:3 그 사람이 그 땅에 칼이 임함을 보고 나팔을 불어 백성에게 경고하되
33:4 그들이 나팔 소리를 듣고도 정신차리지 아니하므로 그 임하는 칼에 제거함을 당하면 그 피가 자기의 머리로 돌아갈 것이라
33:5 그가 경고를 받았던들 자기 생명을 보전하였을 것이나 나팔 소리를 듣고도 경고를 받지 아니하였으니 그 피가 자기에게로 돌아가리라
33:6 그러나 칼이 임함을 파수꾼이 보고도 나팔을 불지 아니하여 백성에게 경고하지 아니하므로 그 중의 한 사람이 그 임하는 칼에 제거 당하면 그는 자기 죄악으로 말미암아 제거되려니와 그 죄는 내가 파수꾼의 손에서 찾으리라
33:7 인자야 내가 너를 이스라엘 족속의 파수꾼으로 삼음이 이와 같으니라 그런즉 너는 내 입의 말을 듣고 나를 대신하여 그들에게 경고할지어다
33:8 가령 내가 악인에게 이르기를 악인아 너는 반드시 죽으리라 하였다 하자 네가 그 악인에게 말로 경고하여 그의 길에서 떠나게 하지 아니하면 그 악인은 자기 죄악으로 말미암아 죽으려니와 내가 그의 피를 네 손에서 찾으리라
33:9 그러나 너는 악인에게 경고하여 돌이켜 그의 길에서 떠나라고 하되 그가 돌이켜 그의 길에서 떠나지 아니하면 그는 자기 죄악으로 말미암아 죽으려니와 너는 네 생명을 보전하리라

책임감 있는 파수꾼 (겔 33:1~9)

세상의 유익을 얻기 위해 하나님을 향한 신앙을 버리고 우상과 타락에 물들어 허무를 좇아가고 있는 이스라엘을 향해 하나님께서 경고의 음성을 들려줍니다. 그러나 우상숭배와 세상의 유익과 쾌락을 좇아가는 재미에 푹 빠진 이들에게 하나님의 경고의 음성은 자신들을 훼방하는 잔소리로 들려집니다. 그 결과 이스라엘은 멸망의 역사를 걸어가게 됩니다.

B.C. 597년 두 번째 포로가 되어 바벨론에 끌려온 제사장 부시의 아들이었던 에스겔을 제사장이 아니라 선지자 중 한 사람으로 사용합니다. 그리고 그를 파수꾼으로 세웁니다. 에스겔로 하여금 경고의 영적 나팔을 불도록 합니다. 영적으로 마비 상태에 놓인 이스라엘을 향해 강력한 파수꾼의 역할을 부여

받은 에스겔에게 책임이 부여됩니다. 영적으로 혼탁한 시대입니다. 하나님께서는 우리를 이 시대의 파수꾼으로 일으켜 세우셨습니다. 이 시대 앞에 부름을 받은 우리는 어떤 파수꾼의 모습으로 책임을 다하는 자가 되어야 할까요?

(1~4) 영적으로 잠들어 있는 영혼들을 향해 회개의 나팔을 불며, 말씀으로 바른길을 영적으로 조명하는 일에 책임을 다하는 영적 파수꾼이 되어야 합니다

하나님께서는 예루살렘이 바벨론에 의해 함락될 것을 예레미야 선지자를 통해 수없이 반복적으로 증거하도록 합니다. 그러나 영적으로 잠든 영혼들은 하나님의 경고의 음성을 자신들을 훼방하는 잔소리로 여기고 오히려 선지자를 협박하고, 생명에 위협을 가합니다. 타락에 물든 이스라엘을 향한 공의의 심판이 강력하게 일어날 것을 바벨론에 포로로 끌려간 에스겔을 통해 다시 증거하도록 합니다. 하나님께서는 바벨론에 포로가 되어 끌려온 에스겔에게 이스라엘 백성들을 향해 '회개의 나팔'을 불도록 합니다. 하나님께서는 이스라엘의 죄를 깨달아 알도록 에스겔에게 '나팔을 부는 역할자'로서 파수꾼이 되도록 합니다.

나팔은 음성(陰性)적인 역할이 아니라 드러나는 공개적인 역할을 말하고 있습니다. 공개적으로 주변의 모든 사람이 알아들을 수 있도록 소리를 내는 역할입니다. 하나님께서는 에스겔로 하여금 영적으로 잠든 영혼들을 깨우는 일에 역할을 감당하도록 합니다. 나팔을 부는 파수꾼입니다. 우리는 영적 마비 상태가 심각한 시대를 살아가고 있습니다. 영혼들을 향해 회개의 나팔을 불어야 합니다. "회개하라! 천국이 가까이 왔느니라!"(마 4:17) 죄를 깨달아 알도록 해야 합니다. 그리고 영적으로 바른길에 들어서도록 말씀으로 바른길을 함께 조명하는 나팔이 되어야 합니다. 바른 파수꾼의 역할로서 세상을 깨우는 일에 책임을 다하며 하나님의 마음을 시원케 해드리는 파수꾼이 되어야 합니다.

(5~6) 자신에게 주어진 사명과 사역에 대해 최선을 다하며, 직무 유기를 하지 않는 책임감 있는 영적 파수꾼이 되어야 합니다

하나님께서 잠든 영혼들을 깨우라고 부르셨고, 그 사명을 감당하라고 부름을 받은 자가 맡겨진 일에 대해 태만하였다면 어떻게 될까요? 하나님께서 에스겔에게 나팔을 부는 파수꾼이

되라고 말씀하신 것은 모든 사람이 알아들을 수 있도록 그 역할을 감당하라는 것을 말합니다. 이때 경고를 알리는 파수꾼의 나팔 소리를 듣고도 이것을 무시했다면 이로 인해 일어나는 모든 책임은 경고를 무시한 자에게 있습니다. 그러나 파수꾼이 나팔을 불지 않았다면 일어나는 일은 파수꾼에게 그 책임이 있습니다. 파수꾼은 책임으로부터 절대로 자유 할 수 없습니다. 하나님께서는 에스겔로 하여금 파수꾼으로서 직무를 유기하게 된다면 그 값을 반드시 파수꾼인 그 사람에게서 묻겠다고 말씀합니다.

파수꾼은 망을 보는 일에 게으름이 없어야 합니다.(삼하 18:26) 그리고 순찰하는 임무를 충실하게 수행해야 합니다.(아 5:7) 경고의 나팔을 불어 공동체가 위험에 빠지지 않도록 해야 합니다.(렘 6:17) 예레미야와 대결했던 거짓 선지자 하나냐는 이스라엘의 죄를 지적하기보다 이스라엘의 평안을 말합니다. 죄를 책망하기보다 사람들이 듣기 좋아하는 말, 사람들이 듣기 원하는 말만을 선별하여 말합니다.(렘 28:11 이하) 직무 유기를 하고 있습니다. 하나님으로부터 용서받지 못합니다. 우리는 하나님으로부터 택함을 받은 동시에 파수꾼으로 부름을 받은 자들입니다. 주어진 사명과 사역에 대해 최선을 다해야 합니다. 만약 주어진 직무를 유기했다면 하나님의 공의는 그에 따른 책임을 파수꾼인 나에게 묻는다는 것을 잊지 않아야 합니다.

(7~9) 하나님으로부터 나온 말씀을 하나님을 대신하여 전달한다는 책임 있는 자세로 주어진 사명을 감당하는 영적 파수꾼이 되어야 합니다

　하나님께서 세우신 파수꾼은 두 가지 분명한 기본적인 자세를 가져야 합니다. 첫 번째는 하나님의 입으로부터 나오는 말씀을 듣는 자세를 가져야 합니다. 두 번째는 하나님으로부터 나온 말씀만을 전하는 자세를 가져야 합니다. 왜냐하면 하나님의 말씀은 살아있는 하나님의 능력이기 때문입니다.(히 4:12) 영적 파수꾼이 바로 세워지면 그 공동체는 소망이 있고, 세상은 희망이 있습니다. 하나님의 말씀을 받은 자가 그 사명을 감당하는 것이 악한 세상 가운데 얼마나 절실하고 중요한지 모릅니다. 하나님께서는 에스겔로 하여금 영적 파수군의 중요성과 역할이 그 시대를 살리고, 죽이는 역할을 감당하고 있다는 것을 깨닫게 합니다.
　악인은 자기의 죄로 심판을 받지만 영적 파수꾼은 자기의 사명을 감당하지 못한 죄로 하나님으로부터 심판을 받습니다.

비록 에스겔이 악한 자로 하여금 악한 길을 떠나게 할 수는 없지만 악한 자로 하여금 자신이 서 있는 그 길이 얼마나 악한 길인지 일깨우는 일에 대해서는 책임이 있다라고 하나님께서 말씀하셨습니다. 하나님으로부터 나온 말씀을 하나님을 대신하여 전달한다는 책임 있는 자세로 자신에게 주어진 사명을 감당하는 영적 파수꾼이 되어야 합니다.

(적용)

우리는 세상을 향해 영적 파수꾼이 되어야 합니다. 잠든 영혼들을 깨우는 것은 감언이설과 같이 사람의 마음을 달콤하게 하는 말로는 안 됩니다. 이 시대 영적 파수꾼으로 세움을 받은 우리는 두 가지 기본적인 자세를 잃어버리지 않아야 합니다. 먼저, 하나님의 바른 말씀을 듣는 자세를 가져야 합니다. 그리고 하나님의 바른 말씀만을 전하는 자세를 가져야 합니다. 우리가 영적 파수꾼으로 바로 설 때 세상은 소망이 있고, 희망이 있습니다.

파수꾼으로 직무를 유기하면 안 됩니다. 자신에게 주어진 것에 대해 최선을 다하는 파수꾼이 되어야 합니다. 세상은 이미 종말을 향해 달려가고 있습니다. 예수님께서 세상을 향해 외칩니다. "회개하라! 천국이 가까이 왔느니라!" 죄를 책망하는 하나님의 음성이 사람들의 양심을 찌를 때, 세상은 정말로 소망이 있습니다. (요 14:6)은 말합니다. "내가 곧 길이요, 진리요, 생명이니 나로 말미암지 않고는 아버지께로 올 자가 없느니라!" 잠든 영혼들을 하나님의 바른 말씀으로 깨우는 일에 책임을 다하는 영적 파수꾼이 되어야 합니다.

[생각하며 나누는 시간]

1. 하나님은 어떤 분인가요?

2. 하나님은 나를 통해 무엇을 이루길 원하실까요?

3. 나는 어떤 신앙의 모습으로 세워져야 할까요?

책임을 다하는 십자가의 교회 (겔 34:1~6)

34:1 여호와의 말씀이 내게 임하여 이르시되
34:2 인자야 너는 이스라엘 목자들에게 예언하라 그들 곧 목자들에게 예언하여 이르기를 주 여호와께서 이같이 말씀하시되 자기만 먹는 이스라엘 목자들은 화 있을진저 목자들이 양 떼를 먹이는 것이 마땅하지 아니하냐
34:3 너희가 살진 양을 잡아 그 기름을 먹으며 그 털을 입되 양 떼는 먹이지 아니하는도다
34:4 너희가 그 연약한 자를 강하게 아니하며 병든 자를 고치지 아니하며 상한 자를 싸매 주지 아니하며 쫓기는 자를 돌아오게 하지 아니하며 잃어버린 자를 찾지 아니하고 다만 포악으로 그것들을 다스렸도다
34:5 목자가 없으므로 그것들이 흩어지고 흩어져서 모든 들짐승의 밥이 되었도다
34:6 내 양 떼가 모든 산과 높은 멧부리에마다 유리되었고 내 양 떼가 온 지면에 흩어졌으되 찾고 찾는 자가 없었도다

책임을 다하는 십자가의 교회 (겔 34:1~6)

하나님께서는 백성들을 신앙으로 바르게 이끌어가야 할 지도자들의 책임을 목자의 비유를 통해 말씀합니다. 여기에 두 목자의 비유가 등장합니다. '참 목자'와 '거짓 목자'입니다. 그리고 또 하나 '목자들'이라는 복수를 사용하면서 이스라엘 백성들을 영적으로 바르게 이끌어가야 할 위치에 세워진 세 분류의 지도자들에 대한 책임을 묻고 있습니다. '왕'과 '제사장' 그리고 '선지자'들입니다. 하나님께서는 목자로서 책임을 다하지 못하고 불의를 앞세워 자기 배 불리기에 급급한 지도자들을 강력하게 책망합니다.

하나님께서는 바벨론 포로 상태에 놓여 있는 에스겔 선지자에게 자신의 고국이 바벨론에 의해 완전히 멸망할 것을 알게 합니다. 그러나 자신들이 어떤 상태에 놓여 있는지 알지 못하는 예루살렘의 거민들은 거짓 목자들에 의해 속임을 당하며, 자신들의 영혼을 팔아먹고 있었습니다. 우리는 영적 흑암의 시대를 살아가고 있습니다. 마귀의 사슬에 묶여 먹고, 마시고, 놀고, 즐기는 일에 전력을 다하면서 자신이 지금 어디를 향하고 있는지 모른 채 살아가고 있습니다. 영적 흑암에 사로잡혀 종말을 알지 못하고 살아가고 있는 세상을 향해 그리고 세상에 대해 우리는 어떤 책임을 다하는 목자로서의 교회가 되어야 할까요?

(1~3) 자기중심과 자기만을 위한 가치관에 사로잡혀 있는 세상을 향해 하나님의 꼴의 양식을 나누어주며 영적으로 영혼들을 깨우는 일에 책임을 다하는 십자가의 교회가 되어야 합니다

B.C. 586년에 일어났던 예루살렘의 멸망은 이스라엘 백성들을 충격의 도가니에 빠뜨립니다. 왜냐하면! 백성들이 따랐던 선지자들은 예루살렘이 무너지지 않을 것을 예언하였으며, 하나님께서 대적들을 물리쳐주실 것을 예언했기 때문입니다. 백성들은 이런 선지자의 말을 위로로 삼았으며, 이런 말을 하나님의 음성으로 듣고 있었습니다. 그러나 결과는 완전히 반대였습

니다. 하나님께서는 거짓 선지자를 비롯한 유다 지도자들의 실태에 대해 세 가지를 지적합니다. 첫 번째는 자기의 유익만을 바라봅니다. 두 번째는 백성들을 안전하게 지키지 못하고 흩어지게 만듭니다. 세 번째는 사치스러운 탐욕의 생활을 즐깁니다.

교회는 시대 위에 세워진 영적인 지도자로서 역할을 감당해야 합니다. 요한계시록은 일곱 교회를 돌아보면서 교회가 자기중심, 자기만을 위한 가치관에 사로잡혀 있는지 돌아보도록 합니다. 교회는 세상을 향해 십자가의 역할을 온전히 감당해야 합니다. 교회는 십자가로서 이 시대 가운데 두 가지 분명한 역할을 감당해야 합니다. 첫 번째는 우리의 죄를 대속한 주님을 증거해야 합니다. 두 번째는 영적 흑암에 사로잡혀 있는 자들을 영적으로 깨우는 꿀의 양식을 공급하는 처소가 되어야 합니다. 마귀의 권세에 사로잡혀 자기중심과 자기만을 위한 가치관에 사로잡혀 있는 세상의 영혼들을 영적으로 깨우는 일에 책임을 다하는 십자가의 교회가 되어야 합니다.

(4~5) 거짓된 목자들에게 영적으로 유린당하고 있는 영혼들을 영적으로 깨우고, 그들을 바른길로 인도하는 일에 책임을 다하는 십자가

의 교회가 되어야 합니다

하나님께서는 에스겔에게 목자들이 돌봐야 할 이스라엘 백성들의 상태를 다섯 가지로 표현합니다. 그들은 '연약한 자', '병든 자', '상한 자', '쫓기는 자', '잃어버린 자'의 모습을 하고 있었습니다. 이스라엘 목자들이 돌봐야 할 양의 상태는 병들거나 쇠약한 상태였으며, 큰 상처가 나서 제대로 움직일 수 없는 모습을 하고 있었습니다. 심지어 위험에 노출되어 생명이 위협을 받는 지경에 놓여 있었습니다. 목자가 관심을 가지고 돌봐야 할 대상임에도 불구하고 목자들은 이런 양들을 오히려 이용하며 유린하기까지 합니다.

세상에는 두 가지 거짓된 영적 목자들의 유형이 있습니다. 하나님의 말씀을 왜곡되게 가르치면서 자신의 배를 불리는 목자입니다. 그리고 세상이 주는 부와 명예를 좇아가게 만들면서 자신의 편에 서도록 가르치는 목자입니다. 이런 목자들로 인해 세상은 마치 목자가 없는 것처럼 흩어지고, 흩어져서 세속이라는 들짐승의 밥이 되고, 우상과 이단이라는 들짐승의 밥이 되고 있습니다. 거짓된 목자들에게 영적으로 유린당한 자들은 결국 마귀의 세월을 살아갑니다. 탐욕의 세월을 살아가면서 성공 신화를 꿈꿉니다.

거짓된 목자들에게 영적으로 유린당하고 있는 영혼들을 영적으로 깨워야 합니다. 십자가로 세상의 더러운 자아를 죽이고 하나님의 말씀으로 다시 일어서도록 영혼들을 바르게 일깨워야 합니다. 영혼들을 바른길로 인도하는 일에 책임을 다하는 십자가의 교회가 되어야 합니다.

(6) 헐벗은 세상의 영혼들을 향해 주어진 직무를 포기하지 않고 끝까지 책임을 통감할 줄 아는 십자가의 교회가 되어야 합니다

하나님께서는 에스겔을 통해 이스라엘 목자들의 직무 유기로 양들에게 얼마나 큰 피해가 일어나고 있는지 밝힙니다. 우상숭배라는 들짐승에게 먹힘을 당합니다. 신앙적인 타락을 불러옵니다. "내 양 떼가 온 지면에 흩어졌으되 찾고 찾는 자가 없었도다!" 유다 지도자들은 백성들이 우상을 섬기며, 죄악 된 길을 걸어가고 있다는 것을 알고 있었습니다. 그러나 이것을 제3자의 입장에서 바라봅니다. 그들을 신앙으로 바르게 인도하는 일에 관심을 두지 않습니다. 오히려 이 상황을 자신에게 유익하도록 이용하고 있습니다. 그 결과 양들은 흩어지고, 흩어져서 들짐승의 밥이 됩니다.

세상을 영적으로 바르게 세워야 할 교회가 세상을 향해 직무를 유기하면 안 됩니다. 교회는 헐벗은 세상의 영혼들을 신앙으로 바르게 인도해야 할 필연적 의무를 지니고 있습니다. 이것은 선택이 아닙니다. 만약 교회가 이 직무를 감당하지 못한다면 요한계시록 2장과 3장은 증거합니다. "귀 있는 자는 성령이 교회들에게 하시는 말씀을 들을 지어다!" 하나님께서 그 값을 반드시 묻습니다. 헐벗은 세상의 영혼에 대해 주어진 직무를 포기하고 있는 세속주의 교회를 닮아가서는 안 됩니다. 세상에 대해 영적 책임을 통감할 줄 알고 주어진 사명을 끝까지 책임 있게 감당하는 십자가의 교회가 되어야 합니다.

(적용)

우리는 주님께서 대속을 이루신 십자가로 살아난 자들입니다. 주님의 보혈의 값으로 세워진 교회와 성도는 자기중심이라는 가치관으로부터 구별되어야 합니다. 세상은 자신이 썩은 꼴을 먹고 있는지, 생명수를 먹고 있는지 분별하지 못합니다. 우리는 이런 세상을 향해 질타하고, 채찍만 가하는 자가 되어서는 안 됩니다. 종말의 끝에 다가갈수록 거짓된 목자들이 판을 친다고 성경은 말하고 있습니다. 이 시대에 대해 십자가의 값을 다하고, 이 시대에 대해 책임을 다하는 십자가의 교회, 십자가의 성도가 되어야 합니다.

　세상의 헐벗은 영혼들을 향해 직무를 유기하는 교회! 하나님께서 그 값을 묻습니다. 세상 가운데 영적으로 버려진 모습을 하고 있는 헐벗은 영혼들을 신앙으로 바르게 인도하는 직무를 포기하는 세속주의 교회가 되어서는 안 됩니다. 하나님께서 맡겨주신 세상에 대해 끝까지 책임을 통감할 줄 아는 십자가의 교회가 되어야 합니다.

[생각하며 나누는 시간]

1. 하나님은 어떤 분인가요?

2. 하나님은 나를 통해 무엇을 이루길 원하실까요?

3. 나는 어떤 신앙의 모습으로 세워져야 할까요?

복된 소낙비 (겔 34:25~31)

34:25 내가 또 그들과 화평의 언약을 맺고 악한 짐승을 그 땅에서 그치게 하리니 그들이 빈 들에 평안히 거하며 수풀 가운데에서 잘지라

34:26 내가 그들에게 복을 내리고 내 산 사방에 복을 내리며 때를 따라 소낙비를 내리되 복된 소낙비를 내리리라

34:27 그리한즉 밭에 나무가 열매를 맺으며 땅이 그 소산을 내리니 그들이 그 땅에서 평안할지라 내가 그들의 멍에의 나무를 꺾고 그들을 종으로 삼은 자의 손에서 그들을 건져낸 후에 내가 여호와인 줄을 그들이 알겠고

34:28 그들이 다시는 이방의 노략 거리가 되지 아니하며 땅의 짐승들에게 잡아먹히지도 아니하고 평안히 거주하리니 놀랠 사람이 없으리라

34:29 내가 그들을 위하여 파종할 좋은 땅을 일으키리니 그들이 다시는 그 땅에서 기근으로 멸망하지 아니할지며 다시는 여러 나라의 수치를 받지 아니할지라

34:30 그들이 내가 여호와 그들의 하나님이며 그들과 함께 있는 줄을 알고 그들 곧 이스라엘 족속이 내 백성인 줄 알리라 주 여호와의 말씀이라

34:31 내 양 곧 내 초장의 양 너희는 사람이요 나는 너희 하나님이라 주 여호와의 말씀이니라

복된 소낙비 (겔 34:25~31)

하나님께서는 이스라엘 위에 왕을 세워 나라를 신앙으로 다스리도록 합니다. 그러나 백성들을 신앙으로 바르게 지도해야 할 당사자가 오히려 하나님을 향해 불의를 행합니다. 그리고 백성들을 불법으로 다스리며 하나님의 공의를 무너뜨립니다. 여기에 덧붙여 하나님의 말씀을 거짓되게 증거하는 거짓 선지자들이 끊임없이 백성들과 지도자들을 미혹합니다. 오늘날 우리 주변에는 하나님의 진리를 어지럽히고, 하나님의 백성들을 헛된 길로 인도하는 거짓 목자들이 있습니다. 이런 삯꾼 목자들이 하나님 나라의 백성들을 도탄에 빠뜨리고 있습니다. 마치 사막 한가운데 놓여 있는 메마른 나무와도 같이 만들어버립니다.

하나님께서는 에스겔 선지자를 통해 바벨론에 포로로 끌

려온 이스라엘 백성들에게 사막의 오아시스와도 같은 생명수의 말씀을 줍니다. 에스겔 선지자를 통해 들려주시는 하나님의 말씀은 황무지처럼 변해버린 이스라엘을 향한 복된 소낙비였습니다. 하나님께서는 복된 소낙비를 내려주길 원합니다. 과연! 어떤 자에게 하나님께서 은혜의 복된 소낙비를 내려주실까요?

(25~26) 하나님과 화평의 언약을 맺은 자를 향해 하나님께서는 빈 들과 같은 곳에서도 평안히 거할 수 있도록 복된 소낙비를 내려주실 것을 약속하셨습니다

가나안 지역에는 10월과 11월에 내리는 '이른 비'라고 부르는 '가을비'가 있습니다. 그리고 1, 2월에 내리는 '겨울비'와 3, 4월에 내리는 봄비를 포함한 '늦은비'가 있습니다. 특히 이 지역의 비는 농사와 아주 긴밀한 관계를 가지고 있어 알맞은 시기에 적당한 양의 비를 내려주지 않으면 그 해 농사는 실패로 돌아가게 됩니다. (왕상 18장)에 보면 하나님께서 우상숭배를 일삼던 북이스라엘에 '3년 반' 동안 내리지 않았던 비를 순식간에 내립니다. 비를 기다렸던 아합 왕을 비롯한 북이스라엘 백성들에게 이 비는 반가운 비가 아니라 재앙이었습니다.

하나님께서 이스라엘 백성들에게 내리고자 하는 소낙비가 복된 것은 두 가지의 큰 이유를 가지고 있기 때문입니다. 먼저 '내 산 사방'에 소낙비를 내립니다. '산 사방'이란! 한곳에 집중적으로 내려 홍수를 일으키는 소낙비를 말하지 않습니다. 예루살렘을 중심으로 온 나라에 골고루 뿌려지는 소낙비를 말씀합니다. 두 번째로 '때를 따라 소낙비'를 내립니다. 풍성한 소출을 필요로 할 때에 내리는 비는 풍성한 수확으로 결실을 맺게 합니다. 하나님께서 이런 축복의 '복된 소낙비'를 누구에게 내리실까요? 하나님과 '화평의 언약'을 맺은 자들에게 내립니다.

예수 그리스도는 하나님과 화평의 언약을 맺기 위해 이 땅에 오셨습니다. 우리는 예수 그리스도와 연합을 이룬 자들입니다. 하나님과 화평의 언약 가운데 세워진 자들입니다. 하나님께서는 화평의 언약 가운데 세워진 우리를 향해 빈들과 같은 곳에서도 평안히 거할 수 있도록 복된 소낙비를 내려줄 것을 약속하셨습니다. 이런 은혜의 비가 우리들의 인생길에 내려질 것을 언약에 신실하신 하나님께서 약속하셨다는 것을 잊지 않아야 합니다.

(27~29) 자신의 인생을 하나님의 손에 의탁하고 살아가는 자는 하나님께서 그의 전 삶에 복된 소낙비를 내려주실 것을 약속하셨습니다

인생의 성패와 형통의 여부는 근본적으로 사람의 손이나 땅의 능력에 있지 않습니다. 하나님의 뜻에 달려있습니다. 땅이 아무리 비옥해도 하늘에서 비가 내리지 않으면 그 땅은 곧 메마르게 됩니다. 절대로 소산을 얻을 수 없습니다. 마찬가지입니다. 아무리 능력이 뛰어나고, 지혜가 있는 자라도 그 인생길을 하나님께서 열어주지 않으면 안 됩니다. 형통의 삶을 살아가려면 반드시 하늘에서 '복된 소낙비'가 내려야 합니다. 에스겔 선지자는 인생이 왜! 하늘을 바라보며 살아가야 하는지 그 답을 줍니다.

자신의 인생을 하나님 손에 의탁하며 살아간다는 것을 무의미하고, 무책임하게 살아가는 것으로 해석하면 안 됩니다. 하나님의 말씀을 의심하지 않고 그 말씀이 말하는 바를 믿음으로 좇아 살아가는 것을 말합니다. 하나님은 이런 자의 모든 인생길에 복된 소낙비를 내립니다. 그 결과 삶의 경제적 변화가 일어나게 됩니다. 물질의 열매가 맺혀집니다. 그리고 인생살이에서 나타나는 대적들로 인해 무너지지 않도록 하나님께서 그의 모든 삶을 평온케 지켜줄 파수대가 되어줍니다. 그리고 사람들로 하여금 수치나 조롱거리가 되지 않도록 축복합니다. 기억합시다! 인생을 하나님의 손에 의탁하고 살아가는 자는 하나님께서 그의 전 삶에 복된 소낙비를 내려줄 것을 약속하셨습니다.

(30~31) 하나님 안에서 살아가기를 몸부림치는 자, 하나님께서 복된 소낙비를 내려 푸른 초장의 주인공이 되게 할 것을 약속하셨습니다

하나님께서는 자기 백성을 향해 복된 소낙비를 내려 축복하사 '푸른 초장'에 거하는 양과 같이 되게 합니다. 푸른 초장은 양이 가장 건강하고, 안전하게 자랄 수 있는 곳입니다. 근심과 염려가 없는 곳입니다. 하나님께서는 예수 그리스도를 믿음으로 '화평의 언약'을 맺은 자를 가리켜 '내 양', '내 초장의 양'이라고 부릅니다. 세상은 거짓된 목자들이 양들을 해치려고 양의 약점을 노리고 있다면, 우리의 영원한 목자 되시는 주님은 자신의 양이 언제나 건강하고, 튼튼하게 자랄 수 있도록 푸른 초장을 준비해 줍니다.

세상의 원리에는 경쟁을 통한 높아짐의 원리가 있다면, 하나님 안에서는 '복된 주인공'이 되는 원리가 있습니다. 하나님께서는 하나님 안에서 살아가기를 원하며, 예수 그리스도를 통해 '화평의 언약'을 맺은 자를 하나님의 백성이라고 부릅니다.

하나님께서 영원한 목자가 되어줍니다. 그리고 복된 소낙비를 내려 축복하사 마치 '푸른 초장'에 거하는 양과 같이 되게 합니다. 하나님께서는 이런 사실을 에스겔 선지자를 통해 명심시켜 줍니다. "주 여호와의 말씀이니라!" 하나님 안에서 살아가기를 몸부림치는 자, 하나님께서 복된 소낙비를 내려 푸른 초장의 주인공이 되게 할 것을 약속하셨습니다.

(적용)

하나님께서는 화평의 언약을 맺은 자에게 복된 소낙비를 내려 '평온의 고을'을 형성합니다. 성벽이 없다고 염려할 필요가 없으며, 문이 없다고 염려할 필요가 없으며, 빗장이 없다고 염려할 필요가 없습니다. 하나님께서 친히 성벽과 문과 빗장이 되어주시기 때문입니다. 세상의 성벽은 어떤 첨단기술이 동원되어도 결국은 무너지게 되어있습니다.

예수 그리스도를 통해 하나님과 '화평의 언약'을 맺은 자에게는 하나님께서 세상이 감당할 수 없는 '복된 소낙비'를 내려줄 것을 약속하셨습니다. 하나님께서 약속하신 '복된 소낙비'는 어떤 때는 경제적인 축복으로, 어떤 때는 무너지지 않는 철옹성의 축복으로 내 인생길 위에 임합니다. 한순간만이 아니라 나의 모든 인생길에 내려주실 것을 약속하셨습니다.

[생각하며 나누는 시간]

1. 하나님은 어떤 분인가요?

2. 하나님은 나를 통해 무엇을 이루길 원하실까요?

3. 나는 어떤 신앙의 모습으로 세워져야 할까요?

복된 소낙비(겔 34:25~31)

거룩한 이름을 위하여 (겔 36:22~31)

36:22 그러므로 너는 이스라엘 족속에게 이르기를 주 여호와께서 이같이 말씀하시기를 이스라엘 족속아 내가 이렇게 행함은 너희를 위함이 아니요 너희가 들어간 그 여러 나라에서 더럽힌 나의 거룩한 이름을 위함이라

36:23 여러 나라 가운데에서 더럽혀진 이름 곧 너희가 그들 가운데에서 더럽힌 나의 큰 이름을 내가 거룩하게 할지라 내가 그들의 눈 앞에서 너희로 말미암아 나의 거룩함을 나타내리니 내가 여호와인 줄을 여러 나라 사람이 알리라 주 여호와의 말씀이니라

36:24 내가 너희를 여러 나라 가운데에서 인도하여 내고 여러 민족 가운데에서 모아 데리고 고국 땅에 들어가서

36:25 맑은 물을 너희에게 뿌려서 너희로 정결하게 하되 곧 너희 모든 더러운 것에서와 모든 우상 숭배에서 너희를 정결하게 할 것이며

36:26 또 새 영을 너희 속에 두고 새 마음을 너희에게 주되 너희 육신에서 굳은 마음을 제거하고 부드러운 마음을 줄 것이며

36:27 또 내 영을 너희 속에 두어 너희로 내 율례를 행하게 하리니 너희가 내 규례를 지켜 행할지라

36:28 내가 너희 조상들에게 준 땅에서 너희가 거주하면서 내 백성이 되고 나는 너희 하나님이 되리라

36:29 내가 너희를 모든 더러운 데에서 구원하고 곡식이 풍성하게 하여 기근이 너희에게 닥치지 아니하게 할 것이며

36:30 또 나무의 열매와 밭의 소산을 풍성하게 하여 너희가 다시는 기근의 욕을 여러 나라에게 당하지 아니하게 하리니

36:31 그 때에 너희가 너희 악한 길과 너희 좋지 못한 행위를 기억하고 너희 모든 죄악과 가증한 일로 말미암아 스스로 밉게 보리라

거룩한 이름을 위하여 (겔 36:22~31)

바벨론에 포로로 끌려가 짐승만도 못한 삶을 살아가고 있던 이스라엘 백성들, 그들에게는 삶에 대한 의미가 없었습니다. 목숨이 붙어 있어서 그저 하루하루를 살아갈 뿐입니다. 이런 이스라엘 백성들에게 에스겔 선지자를 통해 회복이라는 소망의 메시지가 전해집니다. 삶에 대한 의미와 방향을 잃어버린 이스라엘을 회복시키는 것은 더럽혀진 하나님의 거룩한 이름을 위해서라고 말씀합니다.

소망과 희망이 사라지고 죄악 된 시대를 살아가면서 뒤엉켜버린 퍼즐과 같은 모습을 하고 있는 우리를 회복시키기 위해 하나님이 친히 나섭니다. 심지어 우리의 잘못된 길을 바로잡기 위해 하나님은 자신의 명예까지도, 자신의 영광까지도 내려

놓습니다. 그리고 하나님의 자녀라는 우리의 명예를 회복시키셨고, 복된 길을 걸어가도록 우리의 영광을 되찾아주셨습니다. 이런 우리는 하나님의 은혜를 기억하면서 하나님의 거룩한 이름을 위하여 어떤 모습을 취하고, 어떤 길을 걸어가는 자가 되어야 할까요?

(22~23) 자신의 삶의 최우선 방향과 목적을 자신의 유익을 구하는 데 두지 말고 하나님의 영광을 드높이고, 하나님의 은혜를 세상 가운데 밝혀 조명하는 데 초점을 맞추어야 합니다

하나님께서는 바벨론 포로 가운데 놓인 이스라엘 백성들을 구원할 이유와 목적에 대해 두 가지를 말씀합니다. 첫 번째는 모욕을 당한 하나님 자신의 거룩한 이름을 회복시키기 위해서입니다. 두 번째는 여러 나라 사람에게 하나님이 여호와라는 것을 알도록 하기 위해서입니다. "너희가 그들 가운데에서 더럽힌 나의 큰 이름"이라는 말씀은 이스라엘 백성들의 범죄로 말미암아 일어났던 바벨론의 침공은 여호와 하나님을 이방인들의 조롱거리로 만든 결과를 낳았다는 것을 말합니다. 존재하지도 않은 이방 신들의 이름으로 조롱당하고, 하나님이 책임을 다하지 못한 무능한 신으로 이방인들에게 조롱을 받았습니다. 이스라엘 백성들이 더럽힌 하나님의 거룩한 이름을 다시 거룩하게 할 목적은 '여호와'가 하나님이며, 온 우주를 다스리는 절대주권을 가지고 계신 분임을 깨닫도록 하기 위해서입니다.

부정과 타락의 자리에 기독교인들의 이름이 오르내리고, 교회가 거론되고 있습니다. 하나님의 거룩한 이름을 욕되게 하고 있습니다. 이스라엘 백성들이 타락하여 하나님의 영광을 가렸던 모습과 하나도 다를 바 없습니다. 모욕당한 하나님의 이름을 회복시켜야 합니다. 그러기 위해서는 우리의 삶이 하나님을 드러내는 '거울'이 되어야 합니다. 하나님의 거룩한 이름이 새겨진 백성답게 소유에 대해 진실해야 합니다. 정직해야 합니다. 불의와 함께 짝을 이루지 않는 의로운 삶이 바탕을 이루어야 합니다. 이런 가운데 하나님의 영광을 더 높이고, 하나님의 은혜를 세상 가운데 밝혀 조명하며, 하나님의 거룩한 이름을 더 높이는 걸음을 걸어가는 하나님의 백성이 되어야 합니다.

(24~28) 하나님의 영에 속한 자의 모습으로 세상의 탐욕을 멀리하고 하나님께서 열어주신 복된 길을 말씀을 지켜 준행하는 거룩한 삶을

통해 이루어가야 합니다

　에스겔 선지자를 통해 하나님께 죄를 범한 이스라엘을 용서하고, 다시 약속의 땅으로 오게 할 것을 말씀합니다. 이것은 이스라엘의 의로움으로 인한 것이 아닙니다. 하나님의 전적인 은혜로 말미암은 것이며, 이스라엘을 향한 하나님의 사랑과 자비가 그 근원을 이루고 있었습니다. 이 뜻을 성취하기 위해 중요한 한 가지를 말씀합니다. "세상의 타락한 더러운 때를 씻어 낼 것이며, 모든 우상 숭배로부터 정결하게 하여 그들이 쫓겨 갔던 땅으로 다시 돌아오게 할 것이니라!" 타락한 심령에 '새 영'을 불어넣어 타락한 기질과 성질을 하나님을 향한 인격으로 바꾸어놓을 것을 말씀합니다. 그리고 마음속에 자리 잡고 있던 우상 숭배를 뿌리째 뽑을 것이며 그 자리에 '새 마음'인 하나님을 향한 신앙관으로 세울 것을 말씀합니다.

　"내 영을 너희 속에 두어 너희로 내 율례를 행하게 하리니 너희가 내 규례를 지켜 행할지라!" 하나님의 백성다운 자의 모습은 하나님의 말씀을 따르며, 그 명령을 지켜 준행하는 것에 있습니다. 우리를 비참에 이르게 하는 세상의 탐욕은 우리로 하여금 하나님의 백성이 되는 것을 스스로 포기하게 만드는 마귀의 강력한 무기입니다. '하나님의 영'에 속한 자의 모습으로 세상의 탐욕을 멀리해야 합니다. 그리고 하나님께서 열어주신 복된 길을 하나님의 말씀을 지켜 준행하는 거룩한 삶을 통해 이루어가야 합니다.

(29~31) 하나님 나라 회복이 가져올 열매의 이름에 걸맞은 회개의 신앙으로 자신을 바르게 세워 하나님의 거룩한 이름을 세상 가운데 드러내는 자가 되어야 합니다

하나님께서는 하나님 나라 회복이 가져올 구체적인 내용을 말씀합니다. 더러운 데에서 구원해 낼 것이며, 삶에 대해서는 기근이 없는 풍성함을 이룰 것을 말씀합니다. 죄악의 더러움은 이스라엘 백성들이 바벨론에 포로로 끌려간 비극의 원인이었습니다. 백성으로서 회복은 더러운 데에서부터 구원만이 아니라 하나님의 백성으로서 누릴 모든 환경의 회복을 담고 있었습니다. 나무의 열매와 밭의 소산은 풍성하게 할 것을 약속합니다. 첫 번째가 구원에 따른 하나님 나라의 외적인 견고함을 말했다면, 두 번째는 하나님 나라의 내적 삶의 풍성함을 나타내고 있습니다.

하나님께서는 선민의 회복이라는 은혜를 말씀하면서 하나

님 나라의 백성다운 모습을 재차 강조합니다. 그것은 다름이 아니라 모든 죄악과 가증한 일을 밉게 보는 '회개'입니다. 하나님의 백성다운 모습을 담아내기 위해서는 하나님의 거룩을 담아내야 합니다. '거룩'은 다시는 죄와 함께하지 않겠다는 '회개'의 신앙으로 담아낼 수 있습니다. 하나님 나라의 회복이 가져올 열매의 이름에 걸맞은 회개의 신앙으로 자신을 바르게 세웁시다. 그리고 하나님의 거룩한 이름을 세상 가운데 드러내는 하나님의 성품을 닮은 걸음을 걸어가는 성도가 되어야 합니다.

(적용)

죄가 무엇을 초래하는지 비참한 결과를 안다면 마땅히 죄를 혐오할 것이며, 죄를 멀리할 것입니다. 그러나 죄악에 사로잡혀 있는 자는 이것을 알지 못합니다. 하나님의 거룩한 옷을 입어야 합니다. 그리고 하나님의 거룩한 이름을 위해 살아가야 합니다. 거룩은 하나님의 대표적인 속성 가운데 하나입니다. "내가 거룩하니 너희도 거룩할지어다"(레 11:45) 하나님의 거룩한 이름을 위해 달려갈 때 우리 또한 죄악으로부터 자신을 구별해내는 삶을 살아가게 됩니다.

하나님의 거룩한 이름을 위해 달려가는 것이 자신의 방향과 목적이 되어야 합니다. 그런 자를 하나님께서는 "내 백성"이라 부르시고, 하나님의 은혜의 강을 걸어가도록 축복합니다. 하나님의 거룩한 이름을 위하여 하나님의 영광을 드높이고, 하나님의 은혜를 세상 가운데 밝혀 조명하는 삶을 살아가는 자가 되어야 합니다. 하나님의 거룩한 이름을 위해 살아간다는 것은 말씀을 벗어나 논할 수 있는 주제가 아닙니다. 하나님의 말씀을 지켜 준행하는 하나님의 영에 속한 자의 삶을 살아가는 거룩한 하나님 나라 백성이 되어야 합니다.

[생각하며 나누는 시간]

1. 하나님은 어떤 분인가요?

2. 하나님은 나를 통해 무엇을 이루길 원하실까요?

3. 나는 어떤 신앙의 모습으로 세워져야 할까요?

살아나리라 (겔 37:1~10)

37:1 여호와께서 권능으로 내게 임재하시고 그의 영으로 나를 데리고 가서 골짜기 가운데 두셨는데 거기 뼈가 가득하더라

37:2 나를 그 뼈 사방으로 지나가게 하시기로 본즉 그 골짜기 지면에 뼈가 심히 많고 아주 말랐더라

37:3 그가 내게 이르시되 인자야 이 뼈들이 능히 살 수 있겠느냐 하시기로 내가 대답하되 주 여호와여 주께서 아시나이다

37:4 또 내게 이르시되 너는 이 모든 뼈에게 대언하여 이르기를 너희 마른 뼈들아 여호와의 말씀을 들을지어다

37:5 주 여호와께서 이 뼈들에게 이같이 말씀하시기를 내가 생기를 너희에게 들어가게 하리니 너희가 살아나리라

37:6 너희 위에 힘줄을 두고 살을 입히고 가죽으로 덮고 너희 속에 생기를 넣으리니 너희가 살아나리라 또 내가 여호와인 줄 너희가 알리라 하셨다 하라

37:7 이에 내가 명령을 따라 대언하니 대언할 때에 소리가 나고 움직이며 이 뼈, 저 뼈가 들어 맞아 뼈들이 서로 연결되더라

37:8 내가 또 보니 그 뼈에 힘줄이 생기고 살이 오르며 그 위에 가죽이 덮이나 그 속에 생기는 없더라

37:9 또 내게 이르시되 인자야 너는 생기를 향하여 대언하라 생기에게 대언하여 이르기를 주 여호와께서 이같이 말씀하시기를 생기야 사방에서부터 와서 이 죽음을 당한 자에게 불어서 살아나게 하라 하셨다 하라

37:10 이에 내가 그 명령대로 대언하였더니 생기가 그들에게 들어가매 그들이 곧 살아나서 일어나 서는데 극히 큰 군대더라

살아나리라 (겔 37:1~10)

하나님께서는 에스겔 선지자에게 환상 가운데 특이한 한 가지 장면을 보여줍니다. 그것은 '마른 뼈'에 관한 환상이었습니다. '마른 뼈'는 하나님을 배반하고 우상을 숭배하며, 악의 길에 들어선 이스라엘의 모습이었습니다. 예루살렘의 멸망과 함께 바벨론에 포로로 끌려와 '산 송장'과 같은 신세가 되어버린 이스라엘은 희망과 소망을 잃어버린 '마른 뼈'였습니다. 하나님께서는 '마른 뼈'가 되어버린 이스라엘을 향해 말씀합니다. "너희가 살아나리라!" 하나님께서는 에스겔로 하여금 살아계신 하나님의 말씀을 선포하도록 합니다.

하나님의 말씀은 살아있습니다. 이것을 풀어서 말하면 하나님의 말씀은 전달하는 기능을 가진 사람의 말과는 달리 말씀

자체가 권능을 가지고 있다는 것을 말합니다. 하나님께서는 말씀으로 천지 만물을 창조하셨습니다. "있으라 하시니 … 있었고" 하나님의 말씀은 인간의 힘으로는 도무지 어찌할 수 없는 현실 앞에 어떤 모습으로 살아서 역사를 일으킬까요?

(1~2) 하나님의 말씀은 생명력을 잃은 마른 뼈와 같은 모습을 하고 있는 영혼들에게 낙망이 소망으로, 절망이 희망으로 살아나는 역사를 일으킵니다

　　에스겔은 하나님께서 보여준 죽음의 골짜기에서 두 가지의 충격적인 장면을 목격합니다. 하나는 '뼈'가 골짜기 온 사방에 가득한 장면입니다. 또 하나는 그 뼈들이 '아주 말라' 있는 장면입니다. 여호와의 영에 이끌려 에스겔이 간 곳은 기름지고, 푸른 들판이 아니었습니다. 생각만 해도 머리끝이 솟아오를 그런 장소였습니다. 수많은 뼈 사이를 지나갑니다. 그 뼈들은 아주 마른 상태로 흉측한 골짜기를 형성하고 있었습니다. 뼈가 얼마나 말랐는지 손으로 누르면 가루가 되어버릴 정도였습니다. 절망입니다.

　　하나님의 말씀 가운데 살아가는 자는 마른 뼈와 같은 사망의 모습을 취하지 않습니다. 반대로 하나님의 말씀을 떠나 세속을 좇아가게 되면 하나님의 말씀이 그를 축복의 길로 인도하지 않습니다. 그는 살아있다고 하지만 죽음의 골짜기에 버려진 '마른 뼈'와 같습니다. 하나님의 말씀 가운데 살아가는 자는 하나님께서 친히 그를 푸른 초장으로 그리고 쉴만할 물가로 인도합니다. (시 23:4)의 말씀처럼 비록 사망의 골짜기로 다닐지라도 두려워할 것이 없습니다. 왜냐하면 하나님께서 지켜주시기 때문입니다. "내 규례와 법도를 지키라 사람이 이를 행하면 그로 말미암아 살리라"(레 18:5) 하나님의 말씀 가운데 세워진 자는 살아있는 말씀의 능력이 그 가운데 역사합니다. 낙망이 소망으로, 절망이 희망으로 살아나는 역사를 일으킵니다.

(3~6) 하나님의 말씀은 혼돈과 흑암에 놓인 우리의 삶을 빛으로, 생명으로 새롭게 살아나는 역사를 일으킵니다

천지 만물을 창조하신 하나님의 말씀은 마른 뼈와 같이 혼돈과 흑암에 빠진 우리의 삶에 생명의 빛으로 다가옵니다. 하나님께서는 에스겔에게 의미 있는 질문을 하나 던집니다. "이 마른 뼈들이 능히 살 수 있겠느냐?" 에스겔은 대답합니다. "주 여호와께서 아시나이다!" 에스겔의 대답은 회피성의 답변이 아닙니다. 정곡을 찌르는 명답이었습니다. "주 여호와께서 아시나이다!"라는 고백 속에는 죽고, 사는 것은 생사를 주관하시는 하나님의 주권에 달려있다는 것을 말하고 있습니다. 이와 같이 하나님의 절대적 주권을 의심치 않는 에스겔에게 하나님의 말씀을 대언하도록 사명을 부여합니다. 그리고 에스겔이 마른 뼈를 향해 선포합니다. "너희 마른 뼈들아 여호와의 말씀을 들을지어다"

하나님께서는 생명이 없는 마른 뼈를 향해 네 가지의 놀라운 역사를 일으킵니다. 첫 번째는 뼈가 움직일 수 있도록 '힘줄'을 소생시킵니다. 두 번째는 육체를 형성할 '살'을 소생시킵니다. 세 번째는 완전한 육체를 구성하도록 피부로 덮어 얼굴을 비롯한 모든 몸의 구조를 정상화합니다. 네 번째는 말씀이 권능으로 임합니다. "내가 생기를 너희에게 들어가게 하리니 너희가 살아나리라!" 하나님의 말씀은 회복을 기대할 수 없는 절망 가운데 놓인 '마른 뼈'와도 같은 상황을 빛으로, 생명으로 새롭게 살아나는 역사를 일으킵니다. 하나님의 말씀 가운데 살아가는 우리에게도 동일한 역사가 일어납니다. 하나님의 말씀은 혼돈과 흑암 속에 놓인 우리의 삶을 빛으로, 생명으로 새롭게 살아나는 역사를 일으킵니다.

(7~10) 살아있는 하나님의 말씀은 죽음의 골짜기를 이루고 있는 마른 뼈와 같은 영혼들을 영광의 모습으로 변화시키는 놀라운 역사를 일으킵니다

하나님의 말씀은 살아있습니다. 에스겔 선지자가 하나님의 말씀을 대언하자 놀라운 일이 일어납니다. 뼈들이 서로 연결되기 시작합니다. 그 뼈에 힘줄이 생기고 살이 오릅니다. 살 위에 가죽이 덮입니다. 에스겔 선지자는 생기를 향해 하나님의 말씀을 대언합니다. "생기야! 사방에서부터 와서 이 죽음을 당한 자에게 불어서 살아나게 하라!" 생명의 주관자 되시는 하나님의 말씀은 죽음을 생명으로, 절망을 소망으로, 멸망을 영광으로 옮기는 능력을 가지고 있습니다. 죽은 몸과 같이 세속화된 세상을 향해 교회는 에스겔처럼 진리의 말씀을 대언하는 위치에 세워져야 합니다. 이런 모습을 갖추기 위해 교회는 말씀을 권세 가운데 먼저 바르게 세워야 합니다.

몸과 형체는 갖추어져 있어도 하나님의 말씀이 떠나있는 자는 살아 있으나 살아 있다고 말할 수 없습니다. 교회가 세워졌으나 교회 속에 하나님의 말씀이 없다면 하나님께서는 그곳을 교회라고 부르지 않습니다. 세상도 마찬가지입니다. 하나님의 말씀에 입각한 삶들을 살아가지 못하고 사탄이 주는 세속화

가운데 살아간다면 몸은 살아서 쾌락과 부와 명예를 얻을지라도 그것은 살아있는 모습이 아닙니다. 살았다고 하지만 죽은 마른 뼈의 모습을 하고 있습니다. 이런 세상을 향해 하나님의 말씀이 선포되어야 합니다. 하나님의 말씀은 마른 뼈와 같이 멸망 가운데 있는 자를 영광의 모습으로 변화시키는 놀라운 역사를 일으킵니다. 교회는 죽음의 골짜기를 이루고 있는 마른 뼈와 같은 세상의 군대를 향해 생명의 말씀을 힘 있게 증거해야 합니다.

(적용)

하나님께서는 진리의 말씀을 대언하기 위해 교회를 세우셨습니다. 그러나 교회들이 진리의 말씀을 들고 싸우는 군대가 아니라 죄를 짓고, 죄 문제를 해결해야 하는 부상 병동이 되어버렸습니다. 사탄과의 영적 대전쟁이 지금 벌어지고 있습니다. 교회는 말씀의 군사들을 길러내야 합니다. 말씀을 통해 가정과 나라와 민족 그리고 열방을 살리는 사명을 감당해야 합니다.

세상은 생명력을 잃어버린 마른 뼈와 같습니다. 이것을 소망이 없다고 한탄만 하지 마십시오! 진리의 말씀을 대언합시다! 그들에게 말씀을 통해 생기를 불어넣어야 합니다. "살아나리라!" 살아나는 역사가 일어납니다. 말씀의 군사가 되어 하나님의 말씀을 마른 뼈와 같은 세상을 향해 대언하는 에스겔과 같은 교회가 되어야 합니다. 하나님의 말씀으로 마른 뼈와 같이 멸망 가운데 있는 영혼들을 영광의 길로 인도하는 등불과 같은 교회가 되어야 합니다.

[생각하며 나누는 시간]

1. 하나님은 어떤 분인가요?

2. 하나님은 나를 통해 무엇을 이루길 원하실까요?

3. 나는 어떤 신앙의 모습으로 세워져야 할까요?

살아나리라(겔 37:1~10)

이렇게 만들어갑니다 (겔 37:11~14)

37:11 또 내게 이르시되 인자야 이 뼈들은 이스라엘 온 족속이라 그들이 이르기를 우리의 뼈들이 말랐고 우리의 소망이 없어졌으니 우리는 다 멸절되었다 하느니라
37:12 그러므로 너는 대언하여 그들에게 이르기를 주 여호와께서 이같이 말씀하시기를 내 백성들아 내가 너희 무덤을 열고 너희로 거기에서 나오게 하고 이스라엘 땅으로 들어가게 하리라
37:13 내 백성들아 내가 너희 무덤을 열고 너희로 거기에서 나오게 한즉 너희는 내가 여호와인 줄을 알리라
37:14 내가 또 내 영을 너희 속에 두어 너희가 살아나게 하고 내가 또 너희를 너희 고국 땅에 두리니 나 여호와가 이 일을 말하고 이룬 줄을 너희가 알리라 여호와의 말씀이니라

이렇게 만들어갑니다 (겔 37:11~14)

하나님께서는 불신앙으로 포로 가운데 놓인 이스라엘의 회복을 약속합니다. 약속의 실현이 어떻게 이뤄질 것인지 '마른 뼈들'이 살아나는 환상을 통해 에스겔로 하여금 증거하도록 합니다. '마른 뼈'는 기름기가 완전히 제거된 상태의 뼈를 말합니다. '전혀 소망이 없는 상태' 또는 '강력한 심판'을 대변합니다. 이런 '마른 뼈'에 '힘줄'이 생기고, '살'이 오르고, '가죽'이 덮입니다. 그리고 '생기'가 들어갑니다. '마른 뼈'가 생명이라고 말할 수 있는 것은 살아 있어야 생명이라 말할 수가 있습니다. 하나님께서는 절대적 주권을 통해 소망과 희망이 완전히 사라진 '마른 뼈'와 같은 이스라엘을 살아있는 '생명'으로 회복시킬 것을 약속합니다. '구원'을 약속합니다.

어떤 소망도 찾아볼 수 없는 '흩어진 마른 뼈'와 같은 모습을 하고 있습니다. 그러나 하나님을 향한 신앙으로 세워진 '자기 백성'에 대해 하나님은 절대 주권을 통해 그를 '살아있는 생명'으로 만들어갑니다. 하나님을 향한 신앙으로 세워진 자기 백성을 하나님은 소망 있는 모습으로 만들어갈 것을 약속하셨습니다. '마른 뼈'의 사건은 여기에 대해 무엇을 조명해 주고 있을까요?

(11~12) 세상 사람들이 끝났다고 하는 그 순간도 소망을 잃어버리지 말 것은 하나님께서는 사망선고가 내려진 나의 환경에 대해 전능하신 하나님의 절대적 주권을 통해 회복시킬 것과 그 환경을 이겨나가게 할 것을 약속하셨습니다

'마른 뼈'가 소망이 없다는 것은 두 가지의 사실을 내포하고 있습니다. 스스로 살아날 방법이 없으며, 주변을 통해서도 살아날 방법이 없다는 것을 말합니다. 이런 '마른 뼈'가 '큰 군대'를 형성하고 있더라도 그것은 두려움이 되지 못합니다. 왜냐하면! 기력도 없고, 생명력도 없는 시체의 한 부분에 불과하기 때문입니다. 하나님께서는 불신앙으로 자신들의 모든 것을 잃어

버리고 바벨론에 포로로 끌려온 이스라엘의 비참한 모습을 가리켜 '큰 군대'의 '마른 뼈'라고 칭합니다. '스스로' 그리고 '주변'을 통해 회복될 수 없는, 소망이 사라진 상태였습니다. 이런 '마른 뼈'를 회복시킬 방법은 오직 한 가지밖에 없습니다. 전능성을 가진 하나님의 절대적 주권입니다.

하나님께서 약속합니다. "내 백성들아 내가 너희 무덤을 열고 너희로 거기에서 나오게 하고 이스라엘 땅으로 들어가게 하리라" '마른 뼈'와 '무덤'은 욥의 고백처럼 회복이 불가능한 '소망'과 '희망'을 잃어버린 상태입니다.(욥 17:14~15) 이런 '무덤'을 여는 것과 '마른 뼈'에 생기를 넣는 것은 하나님의 강력한 두 가지 개입을 전제로 하고 있습니다. 첫 번째는 전능하신 하나님의 강력한 '주권적 개입'입니다. 두 번째는 하나님의 백성에 대한 '회복'을 위한 개입입니다. 사망선고가 내려진 나의 환경에 대해 흔들리지 마시고, 오히려 자신을 하나님을 향한 신앙으로 강력하게 세워나가시길 바랍니다. 전능하신 하나님의 절대적 주권이 '마른 뼈'의 환경에 개입하고, 축복의 강력한 개입으로 '무덤'의 환경을 열어버릴 것을 약속하셨습니다.

(13) 세상에서 더 이상 여력을 찾아볼 수 없는 나의 환경을 사람에게 의지하지 않도록 하나님께서 친히 그 환경의 열쇠가 되어주실 것과 은혜롭게 나를 만들어갈 것을 약속하셨습니다

'마른 뼈'의 소생에 이어 '무덤'을 여는 환상은 '절망'을 '소망'으로 바꾸는 전능하신 하나님의 절대적 주권에 관한 메시지였습니다. 계속해서 에스겔 선지자에게 환상을 통해 들려주는 메시지는 "내가 여호와인 줄을 알리라!"라는 메시지입니다. 이 메시지는 에스겔을 통해 포로 상태에 있는 이스라엘에게 두 가지를 약속하고 있었습니다. 첫 번째는 이스라엘의 회복이 반드시 이루어질 것을 약속합니다. '마른 뼈'에 생기를 넣고, '무덤'을 열고, 거기서 나오게 할 것을 전능하신 하나님께서 약속하셨습니다. 두 번째는 무덤을 여는 것도 하나님이요, 나오게 하는 것도 하나님입니다. 하나님의 전적인 은혜로 이스라엘이 회복될 것을 약속합니다.

'하나님의 은혜'가 작동이 될 때 그 은혜는 다른 환경이나 다른 사람의 힘을 빌려 이루어지지 않습니다. 전능하신 하나님께서 친히 그 환경을 여는 열쇠가 되고, 회복을 위한 역할자가 되어줍니다. 세상에서 더 이상 여력을 찾아볼 수 없는 극도의 환경에 처할지라도 하나님이 친히 그 환경의 열쇠가 되어주실 것을 약속하셨습니다. 사람에 의지하다가 무너지는 자가 되지 않도록 전능하신 하나님께서 모든 것을 감당해 주실 것을 약속하셨습니다. 세상이 감당할 수 없는 은혜로 나를 만들어갈 것을 약속하셨습니다. 이 약속의 말씀 위에 나를 굳건하게 세워나가야 합니다.

(14) 죽은 자의 무덤과 같았던 나의 현실을 회복시켜 축복의 동산이 되게 할 것과 여기에 대한 소유를 나에게 허락하고 그곳의 주권자로 삼을 것을 약속하셨습니다

하나님께서는 "내 영을 너희 속에 두어"라는 말씀과 "너희를 너희 고국 땅에 두리니"라는 말씀을 에스겔에게 주면서 두 가지 점을 강조합니다. 첫 번째는 소유권을 강조합니다. "내 영을 너희 속에 두어"라는 말씀은 '너희들은 나의 소유가 되었다'라는 것을 확인하는 장면입니다. "나는 너희들을 누구에게도 넘겨주지 않을 것이며, 빼앗기지 않을 것"에 대한 확정입니다. 두 번째는 주권을 강조합니다. "너희를 너희 고국 땅에 두리니"라는 말씀은 이스라엘을 포로로부터 해방시키고, 국권을 회복시킬 것에 대한 약속입니다.

두 가지의 약속은 '죽은 자의 무덤'과 같은 이스라엘의 상황을 회복시켜 하나님께서 축복하셨던 '그 동산'을 만들어가겠다는 약속입니다. 그리고 이런 하나님의 약속이 반드시 이뤄질 것과 축복한 동산의 주권자로 이스라엘이 세워질 것을 약속합니다. 하나님께서는 '죽은 자의 무덤'과 같은 나의 현실을 회복시켜 축복의 동산이 되게 할 것을 약속하셨습니다. 내가 그 축복의 동산을 소유할 때도 임대 방식 또는 잠시 소유하는 방식이 아닙니다. 아브라함이 막벨라 굴을 통해 가나안을 영원한 기업으로 삼았던 것처럼 영원한 기업의 주권자로 삼을 것을 약속하셨습니다.

(적용)

오늘도 하나님은 나를 만들어가고 계십니다. 영적으로 둔감해지면 하나님께서 나를 '하나님 보시기에 좋았더라'로 만들어가고 있는 것을 깨닫지 못합니다. 날마다 나를 향하고 있는 하나님의 은혜를 바라보지 못합니다. 세상이 끝난 것처럼 여겨지는 순간도 그 환경에 대한 주권자는 하나님이라는 것을 잊지 않아야 합니다. 무너지는 환경에 대한 열쇠와 회복의 길은 하나님 안에 있습니다. 하나님께서 그 과정을 통해 나를 만들어가고 있다는 것을 영적으로 민감하게 읽어가야 합니다. 영적으로 민감해야 합니다.

　사망선고 받은 것과 같은 나의 삶을 하나님 백성 된 자의 신앙으로 반전시켜야 합니다. 하나님께서 무덤과 같은 나의 현실을 '축복의 동산'으로 만들어갈 것입니다. 그리고 여기에 대한 소유를 나에게 허락할 때도 잠시 소유하다가 마는 방식이 아닙니다. 나의 영원한 기업이 되게 할 것입니다. 그리고 나를 그 기업의 주권자로 만들어 하나님의 기쁨이 되고, 영광 받을 것을 계획하고 계신다는 것을 잊지 맙시다.

[생각하며 나누는 시간]

1. 하나님은 어떤 분인가요?

2. 하나님은 나를 통해 무엇을 이루길 원하실까요?

3. 나는 어떤 신앙의 모습으로 세워져야 할까요?

자기 백성을 향한 하나님 (겔 39:25~29)

39:25 그러므로 주 여호와께서 이같이 말씀하셨느니라 내가 이제 내 거룩한 이름을 위하여 열심을 내어 야곱의 사로잡힌 자를 돌아오게 하며 이스라엘 온 족속에게 사랑을 베풀지라

39:26 그들이 그 땅에 평안히 거주하고 두렵게 할 자가 없게 될 때에 부끄러움을 품고 내게 범한 죄를 뉘우치리니

39:27 내가 그들을 만민 중에서 돌아오게 하고 적국 중에서 모아 내어 많은 민족이 보는 데에서 그들로 말미암아 나의 거룩함을 나타낼 때라

39:28 전에는 내가 그들이 사로잡혀 여러 나라에 이르게 하였거니와 후에는 내가 그들을 모아 고국 땅으로 돌아오게 하고 그 한 사람도 이방에 남기지 아니하리니 그들이 내가 여호와 자기들의 하나님인 줄을 알리라

39:29 내가 다시는 내 얼굴을 그들에게 가리지 아니하리니 이는 내가 내 영을 이스라엘 족속에게 쏟았음이라 주 여호와의 말씀이니라

자기 백성을 향한 하나님(겔 39:25~29)

에스겔은 환상을 통해 이스라엘을 향한 하나님의 심판을 바라봅니다. 예루살렘이 초토화되고, 성전이 무너지는 충격적인 장면을 목격합니다. 멸망 앞에 서게 된 예루살렘의 모습은 마치 녹슨 가마와 같았습니다. 그러나 이스라엘을 향한 하나님의 심판은 이들을 완전히 멸절시키기 위한 것이 아니었습니다. 죄를 깨달아 알게 하고, 불의를 회개시키기 위한 자기 백성을 향한 하나님의 일하심이었습니다. 이때 하나님의 도구로 쓰임 받았던 이방 나라들은 도구의 범위를 넘어섭니다. 잔인함과 포악함 그리고 하나님을 조롱하기까지 만행을 일삼습니다. 이런 이방 나라들을 심판합니다.

이스라엘을 훼방하는 강력한 세력인 '곡'은 전염병과 피로 심판할 것이며, 폭우와 큰 우박덩이와 불과 유황을 쏟아부어 멸할 것을 알립니다. 이 과정을 통해 열방들에게는 여호와 하나님이 참신인 것을 증명합니다. 그리고 이스라엘을 향해서는 하나님을 바라보게 합니다. 하나님이 어떤 분인지 알도록 합니다. 이때 하나님은 자기 백성을 향해 어떤 모습으로 자신을 표현하였을까요? 어떤 모습으로 자기 백성으로 하여금 자신에 대해 알도록 하였을까요?

(25~27) 하나님은 자기 백성에 대한 관심을 자기 백성을 향한 열심과 자기 백성을 향한 주권적 사랑을 통해 표현하고 있습니다

하나님께서는 자신의 거룩한 이름을 위하여 자기 백성인 이스라엘을 회복시킬 것을 말씀합니다. 그런데 문제는 이스라엘의 모습입니다. (겔 39:24)에 의하면 이스라엘은 영적으로, 육적으로 정결함을 잃어버린 상태에 놓여 있었습니다. 우상 숭배와 이웃에 대한 악으로 하나님께 반역하는 모습을 하고 있었습니다. 하나님께서는 이 문제를 해결하기 위해 자기 백성을 향해 두 가지를 결단합니다. 첫 번째는 부끄러움을 품고 하나님께 범한 죄를 뉘우치게 할 것이며, 두 번째는 만민들이 보는 앞에서 자기 백성을 포로 가운데서 돌아오게 할 것을 결단합니다.

하나님은 이 두 가지의 실행을 자신의 거룩과 연결시킵니다. 심판과 포로로부터 귀환을 통해 자신의 거룩을 나타낼 것이라고 말씀합니다. 그리고 여기에 대해 실행합니다. 자기 백성을 향한 '열심'과 자기 백성을 향한 '주권적 사랑'입니다. 하나님께서는 자신의 거룩한 이름을 위해 더러움과 범죄 가운데 놓인 이스라엘을 회복시키기 위해 열심을 냅니다. 그 열심은 자기 백성을 향한 하나님의 사랑의 확정이었습니다. 하나님은 자기 백성이 야곱과 같았을 때도 그를 버리지 않았습니다. 회초리를 들었습니다. 그러나 그들의 더러움과 범죄함에 대해 회초리를 들 때도 하나님의 열심은 자기 백성을 향한 사랑을 바탕으로 하고 있었습니다. 그러니 자기 백성을 향한 하나님의 회초리는 자기 백성을 깨닫게 하는 하나님의 '사랑의 매'였습니다.

하나님은 자기 백성으로 하여금 죄를 알게 하고, 깨닫게 하고, 뉘우치게 하고, 돌아오게 하는 열심의 은혜를 베푸실 때 자신의 거룩한 이름을 위해 이 모든 것들을 감당합니다. 이때 자기 백성을 돌아오게 하는 열심과 그를 돌이키도록 회개하는 열심과 대적들을 물리쳐 주시는 열심은 자기 백성을 향한 주권적 사랑의 표현이었다는 것을 잊지 않아야 합니다.

(28) 하나님은 자기 백성의 회복이라는 언약의 실현을 통해 여호와가 자기 백성의 하나님인 것을 증명시켜 줍니다

하나님께서는 자기 백성인 이스라엘이 포로로부터 예루살렘으로 귀환할 때 숨어서 또는 도망쳐서 오는 모습이 아니라 '많은 민족'이 보는 앞에서 이루어질 것을 말씀합니다. 하나님께서는 이 과정과 장면을 통해 만국을 향해서는 '하나님의 거룩함'을 드러냅니다. 그리고 자기 백성으로 하여금 하나님이 어떤 분인지 인정하도록 합니다. "그들이 내가 여호와 자기들의 하나님인 줄을 알리라"

하나님께서는 포로기를 통해 크게 두 가지를 언약합니다. 첫 번째는 B.C. 930년에 남과 북으로 갈라진 이스라엘을 포로기를 통해 하나로 통합할 것을 (호 1:11)과 (겔 37:19)을 통해 언약합니다. 두 번째는 칠십 년의 포로기의 종점을 찍고 예루살렘으로 귀환할 것을 (렘 29:10)을 통해 언약합니다. 하나님은 신실합니다. 하나님의 언약은 불변하고, 신실합니다. "내가 그들을 모아 고국 땅으로 돌아오게 하고 그 한 사람도 이방에 남기지 아니하리니" 선민의 구원에 대한 하나님의 분명한 의지를 표현하고 있습니다.

(창 15:13 이하)에 의하면 아브라함과 맺었던 '횃불 언약'

대로 아브라함의 자손이 애굽에서 큰 민족을 이루었으며, '400년 동안' 애굽의 종살이로부터 출애굽을 합니다. (출 12:37)은 증거합니다. "유아 외에 보행하는 장정이 육십만 가량이요" 이와 같이 하나님께서는 언약하신 대로 그 뜻을 성취하여 여호와가 자기 백성의 하나님인 것을 증명시켜 줍니다.

(29) 하나님은 자기 백성을 안전하게 지키시고, 온전한 백성으로 이끌어가시는 은혜의 하나님입니다

하나님께서는 자기 백성이 이방인들의 칼에 엎드려지는 일이 없을 것과 이방 나라에 사로잡혀 가는 일이 없을 것을 "내가 다시는 내 얼굴을 그들에게 가리지 아니하리니"를 통해 강조합니다. 그리고 자기 백성을 안전하게 지키고, 이끌어갈 것을 약속합니다. 더 이상 죄짓는 일에 함께하는 일이 없을 것을 말씀합니다. 에스겔을 통해 전해지는 메시지는 자기 백성을 향한 하나님의 은혜를 약속하고 있었습니다. 징계와 심판의 소용돌이 역사를 펼쳐 보이는 것은 "너희들도 비참에 이르지 않도록 유의하라"라는 하나님의 경고의 음성임과 동시에 하나님께서 은혜를 베풀고 계시는 순간입니다.

시련과 고난의 역사가 멸망으로 끝나지 않고 회복으로 전개되는 것은 자기 백성을 향한 하나님의 간절함과 은혜를 함께 나타내고 있습니다. "내 영을 이스라엘 족속에게 쏟았음이라"라는 말씀은 자기 백성을 향한 하나님의 강력한 의지를 표현하고 있는 대목입니다. 이스라엘 가운데 심판과 분노가 다시는 부어지지 않을 것을 의미하고 있습니다. 자기 백성을 향한 하나님의 강력한 은혜를 피력하고 있습니다. 하나님께서는 우리를 십자가로 구원하시고 내팽개치지 않으셨습니다. 성령으로 인도하여 구원의 완성으로 지금도 이끌고 계시는 은혜의 하나님입니다. (고후 1:21)과 (22절)은 증거합니다. "우리를 너희와 함께 그리스도 안에서 굳건하게 하시고 우리에게 기름을 부으신 이는 하나님이시니 그가 또한 우리에게 인치시고 보증으로 우리 마음에 성령을 주셨느니라"

(적용)

자기 백성을 향한 하나님의 관심은 하나님의 거룩함의 통치에 걸맞은 모습을 가지는 것입니다. 불신앙으로 곁길을 걸어갔을 때 자기 백성을 바른길로 인도하기 위해 때로는 선지자들을 보내시고, 때로는 징계의 회초리를 들기도 합니다. 그러나 자기 백성을 향한 하나님의 마음은 언제나 한결같습니다. 자기 백성이 축복의 중심에 세워지는 것입니다.

    자기 백성을 향한 하나님의 모습이 자기 백성을 향한 열심과 주권적 사랑으로 나타납니다. 자기 백성을 향한 하나님의 간절함은 마음만이 아닙니다. 언약의 신실한 실현으로 나타납니다. 이런 하나님이 오늘도 자기 백성을 떠나지 않고 함께하고 계신다는 것을 잊지 않아야 합니다.

[생각하며 나누는 시간]

1. 하나님은 어떤 분인가요?

2. 하나님은 나를 통해 무엇을 이루길 원하실까요?

3. 나는 어떤 신앙의 모습으로 세워져야 할까요?

예배합니다 (겔 40:17~27)

40:17 그가 나를 데리고 바깥뜰에 들어가니 뜰 삼면에 박석 깔린 땅이 있고 그 박석 깔린 땅 위에 여러 방이 있는데 모두 서른이며

40:18 그 박석 깔린 땅의 위치는 각 문간의 좌우편인데 그 너비가 문간 길이와 같으니 이는 아래 박석 땅이며

40:19 그가 아래 문간 앞에서부터 안뜰 바깥 문 앞까지 측량하니 그 너비가 백 척이며 동쪽과 북쪽이 같더라

40:20 그가 바깥뜰 북쪽을 향한 문간의 길이와 너비를 측량하니

40:21 길이는 쉰 척이요 너비는 스물다섯 척이며 문지기 방이 이쪽에도 셋이요 저쪽에도 셋이요 그 벽과 그 현관도 먼저 측량한 문간과 같으며

40:22 그 창과 현관의 길이와 너비와 종려나무가 다 동쪽을 향한 문간과 같으며 그 문간으로 올라가는 일곱 층계가 있고 그 안에 현관이 있으며

40:23 안뜰에도 북쪽 문간과 동쪽 문간과 마주 대한 문간들이 있는데 그가 이 문간에서 맞은쪽 문간까지 측량하니 백 척이더라

40:24 그가 또 나를 이끌고 남으로 간즉 남쪽을 향한 문간이 있는데 그 벽과 현관을 측량하니 먼저 측량한 것과 같고

40:25 그 문간과 현관 좌우에 있는 창도 먼저 말한 창과 같더라 그 문간의 길이는 쉰 척이요 너비는 스물다섯 척이며

40:26 또 그리로 올라가는 일곱 층계가 있고 그 안에 현관이 있으며 또 이쪽 저쪽 문 벽 위에 종려나무를 새겼으며

40:27 안뜰에도 남쪽을 향한 문간이 있는데 그가 남쪽을 향한 그 문간에서 맞은쪽 문간까지 측량하니 백 척이더라

예배합니다 (겔 40:17~27)

　　에스겔이 바벨론에 사로잡혀 온 지 이십오 년 되던 해, 하나님께서는 에스겔에게 '새 성전'에 관한 환상을 보여줍니다. 그리고 에스겔에게 성전과 성전의 안뜰 그리고 바깥뜰 뿐만 아니라 성전의 여러 구조의 크기에 대해 말씀합니다. 성전의 기능은 하나님을 예배함에 있습니다. 에스겔은 새 성전의 환상을 통해 하나님께서 무엇을 말씀하시는지 하나하나 깨닫기 시작합니다.

　　하나님을 섬기는 사람과 우상을 숭배하는 사람은 예배에 대해 커다란 인식의 차이를 가지고 있습니다. 하나님을 예배하는 사람들은 하나님을 향해 감사함으로 예배 가운데 나아갑니다. 반면 우상을 숭배하는 사람들은 자신들이 원하는 것을 얻기 위한 목적으로 예배 가운데 나아갑니다. 에스겔이 환상 중에 보게 된 성전의 바깥뜰과 북쪽을 향한 문과 남쪽을 향한 문을 통해 예배로 나아가는 모습을 그려봅시다. 이 장면들을 통해 우리는 어떤 모습으로 예배 가운데 나아가야 하는지 또한 돌이켜봅시다.

(17~19) 하나님께 예배로 나아가는 자는 세속의 더러운 찌꺼를 씻어낸 거룩의 옷을 입고 나아가야 합니다

하나님께서 보여주신 새 성전의 환상을 통해 에스겔은 바깥뜰을 통해 안뜰로 들어가는 입구를 관찰합니다. 이때 바깥뜰의 동쪽과 남쪽 그리고 북쪽 삼면의 바닥에 '박석'이 깔린 것을 봅니다. 박석은 '얇고 넓은 돌로 포장된 도로'를 말합니다. 화반석과 백석 그리고 보석들로 모자이크된 도로라는 뜻입니다. 성전으로 나아가는 길에 왜! 이런 '박석'이 깔렸을까요? '박석'은 하나님의 거룩을 지켜내기 위한 도구로 사용되고 있습니다. 성전이 흙으로 더럽혀지는 것을 막기 위해서입니다. (대하 7:3)에 의하면 솔로몬이 성전 봉헌을 끝낸 뒤 여호와의 영광이 성전 위에 임하자 모든 사람이 성전 뜰의 '박석'을 깐 땅 위에 엎드리는 것을 볼 수 있습니다.

　(계 4:6)과 (계 15:2)에 보면 하나님의 보좌 앞에는 수정과 같이 맑은 '유리 바다'가 있습니다. 죄가 티끌만큼이라도 있는 자는 하나님의 거룩함 앞에 설 수 없다는 것을 말합니다. 우리는 자신의 모습으로는 하나님을 향한 예배로 나아갈 수 없습니다. 왜냐하면 죄인은 예배로 나아갈 수 없기 때문입니다. 하나님께 예배로 나아가는 자는 '박석 깔린 땅'이 의미하는 바와 같이 세상의 티끌과 같은 세속의 더러운 찌끼가 묻은 상태로는 나아갈 수 없습니다. 하나님의 거룩함 앞에 설 수 있는 정결한 옷을 입어야 합니다. 아론이 하나님께 예배로 나아갈 때 거룩한 세마포 옷을 입고 나아간 것처럼 우리는 예수 그리스도의 보혈의 거룩한 옷을 회개의 신앙을 통해 입고 예배 가운데로 나아가야 합니다.

(20~23) 하나님께 예배로 나아가는 자는 자신을 세상으로부터 거룩히 구별해 내야 하며 자신이 하나님을 향해 온전한 모습으로 세워져 있는지 돌아보는 자세를 가져야 합니다

　에스겔 선지자의 발걸음은 천사의 인도함을 받아 점점 성

소가 있는 쪽을 향합니다. 이때 에스겔 선지자는 다른 곳에서는 보지 못한 특별한 것을 발견하게 됩니다. 북쪽을 향한 문간에는 동쪽을 향한 문과 다른 것이 있는 것을 발견합니다. 바로! '층계'였습니다. 층계가 있다는 것은 높음과 낮음의 차이가 있다는 것을 말합니다. 하나님의 임재의 장소가 가까워질수록 외부의 지면과 바깥뜰 그리고 안뜰과 지성소의 높이가 다르다는 것을 직감합니다. 그 층계의 수를 세어봅니다. '일곱'입니다. '층계'가 '일곱'이라는 것은 하나님의 거룩함은 사람의 죄로 결코 훼손되어서는 안 된다는 것을 강조합니다. 그리고 '일곱 층계'는 사람이 하나님께로 나아가는 방식을 다시 한번 더 생각하게 만드는 또 하나의 구분 점이었습니다.

하나님 보좌가 있는 지성소에 가까이 갈수록 그 층계는 더 높아지는 것을 볼 수 있습니다. "그 문간으로 올라가는 일곱 층계가 있고" 층계는 하나님께 가까이 나아갈수록 예배자로 하여금 하나님을 향하고 있는 자신의 영적 모습을 돌아보게 합니다. "나는 지금 하나님을 향해 온전한가?" 하나님께 예배로 나아가는 자는 자신을 세상으로부터 거룩히 구별해 내야 합니다. 예배가 시작되기 전에 묵상을 통해 하나님과 영적인 진지함의 시간을 먼저 가져야 합니다. 자신이 하나님을 향해 온전한 모습으로 세워져 있는지 돌아보는 자세를 가져야 합니다. 자신의 모습을 다시 한번 더 생각하는 영적 진지함의 시간을 가질 필요가 있습니다.

(24~27) 하나님께 예배로 나아가는 자는 하나님께서 나를 통해 행하신 크고 작은 일들을 돌아보며 하나님의 은혜를 잊지 않는 신앙의 자세를 가져야 합니다

남쪽을 향한 문을 바라보고 있던 에스겔에게 천사는 왕실의 규빗(약 53cm)으로 측량한 벽과 현관 그리고 문간과 현관 좌우에 있는 창의 크기에 대해 말해줍니다. 왕실의 규빗으로 '문간'을 측량하니 그 길이는 '쉰 척'이었으며, 너비는 '스물다섯 척'이었습니다. 그리고 남쪽 문간에서 맞은쪽 문간까지 길이를 측량하니 그 길이가 '백 척'이었습니다. '종려나무'가 '생명'과 '풍요' 그리고 '영광'을 말하고 있다면 '스물다섯 척'과 '쉰 척' 그리고 '백 척'을 가리키는 측량의 크기는 예배 가운데 나아오는 우리의 모습을 돌아보게 합니다. 하나님께서 우리를 향해 행하신 크고 작은 일들을 돌아보게 하는 하나의 상징이라고 말할 수 있습니다.

'백 척'은 예배함으로 나아가는 우리를 향해 하나님께서 행하신 '가장 큰 일'을 돌아보도록 합니다. 하나님께서 우리를 향해 행하신 '가장 큰 일'은 우리를 '구원하신 일'입니다. '쉰 척'은 지금까지 우리의 전 인생을 인도하신 하나님을 돌아보도록 합니다. 때로는 눈물의 골짜기를 걷게 하시고, 때로는 기쁨의 찬양을 부르며 기쁨의 눈물을 흘리게 하셨던 우리의 모든 인생길은 하나님께서 친히 인도하신 길이었습니다. 이 길을 불평과 원망의 눈이 아니라 신앙의 눈으로 돌아보라는 것입니다. 그리고 '스물다섯 척'은 예배함으로 나아오는 나로 하여금 한 주간의 삶을 되돌아보도록 합니다. 하나님께 예배로 나아가는 자는 하나님께서 나를 통해 행하신 크고 작은 일들을 돌아보며 하나님의 은혜를 잊지 않는 신앙의 자세를 가져야 합니다.

(적용)

진실한 예배자는 하나님이 살아계심을 확신하며 예배로 나아옵니다. 그리고 살아계신 하나님을 확신하는 예배자는 살아계신 하나님을 세상을 향해 증거하기를 원합니다. 진실한 예배자는 하나님의 약속에 대한 확신과 믿음 그리고 소망을 가진 자입니다. 하나님께서는 이런 자를 하나님 나라의 일꾼으로 사용하기를 원합니다. 진실한 예배자는 박석과 같고, 유리 바다와도 같은 말씀의 거울에 자신의 모습을 늘 비춰봅니다. 혹이나 하나님을 향해 흐트러진 것은 없는지 돌아봅니다. 뿐만 아닙니다. 지금까지 자신을 인도한 하나님의 은혜에 감사하며 모든 영광을 하나님께 돌리기를 기뻐합니다. 그리고 하나님을 찬양하기를 그치지 않습니다.

[생각하며 나누는 시간]

1. 하나님은 어떤 분인가요?

2. 하나님은 나를 통해 무엇을 이루길 원하실까요?

3. 나는 어떤 신앙의 모습으로 세워져야 할까요?

영광의 담을 만들자 (겔 42:15~20)

42:15 그가 안에 있는 성전 측량하기를 마친 후에 나를 데리고 동쪽을 향한 문의 길로 나가서 사방 담을 측량하는데
42:16 그가 측량하는 장대 곧 그 장대로 동쪽을 측량하니 오백 척이요
42:17 그 장대로 북쪽을 측량하니 오백 척이요
42:18 그 장대로 남쪽을 측량하니 오백 척이요
42:19 서쪽으로 돌이켜 그 장대로 측량하니 오백 척이며
42:20 그가 이같이 그 사방을 측량하니 그 사방 담 안 마당의 길이가 오백 척이며 너비가 오백 척이라 그 담은 거룩한 것과 속된 것을 구별하는 것이더라

영광의 담을 만들자 (겔 42:15~20)

하나님께서는 성전과 관계된 여러 가지를 환상으로 보여주신 후 성전 본체의 건물에 위치한 제사장들의 방과 그 방의 용도에 대해 말씀합니다. "이곳은 속된 것을 구별하는 거룩한 곳이니라!" 그리고 에스겔에게 성전의 사면에 있는 담을 보여줍니다. 그 담을 천사가 측량하는 것을 에스겔은 목격합니다. 에스겔 선지자는 그 담에 대해 우리에게 이런 말을 들려줍니다. "그 담은 거룩한 것과 속된 것을 구별하는 것이더라"

사람들은 자신의 집에 경계를 쌓을 때 '담'을 만듭니다. 왜냐하면! 자신의 소유를 지키고 자신의 삶의 터를 다른 사람에게 침노당하지 않도록 하기 위해서입니다. '담'은 일종의 경계를 만드는 역할을 합니다. 하나님께서는 담을 통해 단절을 말하는 것이 아니라 거룩하게 구별되라고 말씀합니다. 과연! 우리는 이 땅을 살아가면서 세상으로부터 거룩을 지켜내기 위해 어떤 영광의 담으로 자신을 지키고, 자신을 만들어가야 할까요?

(15) 환경과 형편에 따라 요동치는 자가 아니라 변함없는 하나님의 법도와 규례를 따르며, 정직한 신앙의 모습으로 영광의 담을 만들어가야 합니다

환상 중에 에스겔 선지자는 천사에 이끌려 성전의 '동쪽으로 난 문'을 지나 밖으로 나갑니다. 그리고 천사가 사방의 담을 측량하는 것을 봅니다. 성전에는 세 방향의 문이 있었습니다. 하나는 동쪽에 있는 문입니다. 이 문은 하나님의 백성들이 하나님께로 나아오는 출입문이었습니다. 남쪽 문은 제사장들이 수종을 들기 위해 출입하는 문이었습니다. 그리고 북쪽 문은 왕이 성전에 출입할 때 사용되었던 문입니다. 그러나 언약궤가 있는 성소의 뒤편인 서쪽은 하나님의 영광이 손상되지 않도록 문을 만들지 않았습니다.

에스겔은 어느 쪽의 문으로 밖을 나갔습니까? 동문입니다. 들어올 때도, 나갈 때도 그 법은 지켜집니다. 이런 동문에서 일어난 세 가지 현상('이스라엘 하나님의 영광이 동쪽으로부터 오는 것', '하나님의 음성이 많은 물소리와도 같이 들리는 것', '땅이 그 영광으로 말미암아 빛나는 것')은 에스겔을 향해 무엇을 말하고 있었을까요? 하나님의 법을 따르는 신앙의 모든 여정 위에 하나님의 영광이 가득할 것이며, 그렇게 될 것을 축복하고 있습니다.

우리가 살아가는 세상이 세속적인 방법을 통해 불법하는 빠른 길을 가르쳐줘도 하나님 나라의 백성은 이런 것에 요동하지 않아야 합니다. 그럴수록 더욱 하나님의 법도와 규례를 따르는 자가 되어야 합니다. 하나님 앞에 정직한 신앙의 모습으로 영광의 담을 만들어가야 합니다. 왜냐하면 그것이 축복된 길이기 때문입니다.

(16~19) 자신의 모든 삶의 형틀에 대해 하나님의 거룩한 장대가 측량의 기준이 되어 세상이 두려워하고, 부러워하는 영광의 담을 만들어가야 합니다

에스겔 선지자는 천사가 성전 안뜰과 바깥뜰을 구별하는 네 방향의 담을 측량하는 장면을 목격합니다. '동쪽', '북쪽',

'남쪽', '서쪽' 모두를 측량합니다. 그 길이가 동일하게 '오백 척'이었습니다. 이때 담의 길이는 '측량하는 장대'가 기준이 됩니다. 그리고 성전의 사면이 모두 동일하게 '오백 척'이라는 것은 그 모양이 정 사각형이라는 것을 강조하기 위한 것이 아닙니다. 성전이 정사각형이라는 것은 우상숭배와 타락한 세상을 담아내지 않는 모습이 모든 면(사면)에 동일하게 나타나야 한다는 것을 강조하고 있습니다. 그리고 거룩한 경계를 만들어야 한다는 것을 함께 강조하고 있습니다. 여기에 중요하게 사용된 것이 '측량하는 장대'였습니다.

자신의 모든 삶의 형틀에 변함이 없는 하나님의 거룩함이 '측량하는 장대'가 되어 하나님을 향한 신앙의 담을 만들어가야 합니다. 그러면 그 담을 통해 놀라운 역사가 일어날 것입니다. 무너짐을 당하지 않는 하나님의 거룩함을 자신의 네(四) 면에 새겨야 합니다. 속이고, 숨기고, 다른 사람을 비방하는 잣대로는 흉물스러운 담이 됩니다. 자신의 모든 삶의 형틀에 하나님의 '거룩한 장대'가 사방의 측량 기준이 되어야 합니다. 그렇게 해서 하나님이 원하는 담을 만들게 되면 하나님께서는 이 담을 세상과 단절하는 도구가 아니라 세상이 두려워하고, 부러워하는 영광의 담으로 바꾸어갈 것입니다.

(20) 하나님과 백성 사이를 온전하게 회복시킬 예수 그리스도의 십자가 신앙으로 자신과 세상을 향해 영광의 담을 만들어가야 합니다

에스겔 선지자는 담의 사방을 천사가 측량하는 것을 봅니다. 그리고 그 사방 담 안에 있는 마당의 길이를 측량하는 것을 봅니다. 그 길이 또한 '오백 척'이었습니다. 사방의 길이가 '오백 척'이면, 그 안의 마당은 '오백 척'보다 작거나 '오백 척'보다 클 수가 없습니다. 사방의 길이가 '오백 척'인 그 안마당이 '오백 척'이 되는 것은 너무나도 당연한 일입니다. 마찬가지로 '사방의 담'이 거룩한 장대로 측량되었고 그 기준에 의해 만들어졌다면 그 안마당 또한 동일한 기능을 가지고 있습니다.

에스겔 선지자는 말합니다. "그 사방의 담은 거룩한 것과 속된 것을 구별하는 것이더라!" 이 말씀은 성전 안은 거룩하고, 밖은 속되다는 이원론에 대해 말하고 있는 것이 아닙니다. 형식적인 신앙과 우상 숭배적 요소가 담긴 세속적인 신앙 그리고 불의하고, 무질서한 비성경적 모습으로는 거룩함을 이루어낼 수 없다는 것을 사방의 '오백 척'은 말하고 있습니다.

하나님과 백성 사이를 온전하게 회복시킬 예수 그리스도의 십자가 신앙의 담은 '담 안쪽'인 자신을 향해, 그리고 '담 바깥쪽'인 세상을 향해 '새 창조'의 역사를 써 내려가게 만듭니다.

세상은 직위와 권위, 학벌과 물질의 담을 통해 비천한 자들과 관계를 구별하고 있지만 하나님은 예수 그리스도의 십자가라는 거룩한 담을 통해 무너진 세상과 관계를 회복시키셨습니다. 사방에 담을 만들어야 합니다. 그리고 거룩함을 이루어내야 합니다. 하나님과 백성 사이를 온전하게 회복시킬 예수 그리스도의 십자가 신앙으로 자신과 세상을 향해 영광의 담을 만들어가는 성도가 되어야 합니다.

(적용)

세상의 담은 구별과 결별을 함께 말하지만 영광의 담을 만든다는 것은 세상과 결별하는 모습을 말하는 것이 아닙니다. 영광의 담을 만든다는 것은 자신의 모습이 하나님의 거룩을 담아내는 가치관으로 세워진다는 것을 말하고 있습니다. 하나님의 법도와 규례를 지키며, 하나님 앞에 서는 정직한 신앙의 모습이 자신의 담이 되어야 하는 것은 너무나도 당연한 모습입니다.

자신에게 세워진 담이 타락한 세속의 것이 물들어 흉물스러운 담이 되었다면 그 담은 속히 허물어야 합니다. 왜냐하면! 자신이 그 속에서 진멸 당하기 때문입니다. 하나님의 거룩함이 측량의 기준이 되어서 세상이 부러워하고, 세상이 두려워하는 담을 만들어야 합니다. 그리고 하나님과 백성 사이를 온전하게 회복시킬 예수 그리스도의 십자가 신앙으로 자신과 세상을 향해 영광의 담을 만들어가는 성도가 되어야 합니다.

[생각하며 나누는 시간]

1. 하나님은 어떤 분인가요?

2. 하나님은 나를 통해 무엇을 이루길 원하실까요?

3. 나는 어떤 신앙의 모습으로 세워져야 할까요?

영광의 담을 만들자(겔 42:15~20)

동문을 열어라 (겔 43:1~5)

43:1 그 후에 그가 나를 데리고 문에 이르니 곧 동쪽을 향한 문이라
43:2 이스라엘 하나님의 영광이 동쪽에서부터 오는데 하나님의 음성이 많은 물 소리 같고 땅은 그 영광으로 말미암아 빛나니
43:3 그 모양이 내가 본 환상 곧 전에 성읍을 멸하러 올 때에 보던 환상 같고 그발 강 가에서 보던 환상과도 같기로 내가 곧 얼굴을 땅에 대고 엎드렸더니
43:4 여호와의 영광이 동문을 통하여 성전으로 들어가고
43:5 영이 나를 들어 데리고 안뜰에 들어가시기로 내가 보니 여호와의 영광이 성전에 가득하더라

동문을 열어라 (겔 43:1~5)

　　에스겔이 선지자로 바벨론에서 20년 동안 사명을 감당하고 있을 때입니다. B.C. 573년 하나님께서는 에스겔에게 환상을 통해 이스라엘의 영적 실태를 알려줍니다. 하나님을 향한 이스라엘의 죄악의 깊이가 어느 정도인지 측량하도록 합니다. 그리고 멸망의 역사에 대해 계시합니다. B.C. 586년 이스라엘의 멸망의 역사는 이 계시에 대한 실현이었습니다. 우상숭배와 불의 그리고 육신을 좇아 살아가는 등 타락의 모습을 하고 있었던 이스라엘이 성전이 파괴되면서 멸망의 길을 걷게 됩니다.

　　그러나 하나님께서는 이스라엘을 멸망의 역사 가운데 버리지 않습니다. 회복과 관련해 '새 성전'에 대한 환상을 보여줍니다. 이때 성전의 정문이라고 말할 수 있는 '동문'을 통해 중요한 것을 말씀합니다. 우리는 하나님의 임재를 상징하는 성전으로 들어가는 '동문'을 통해 돌이켜 볼 것이 있습니다. 우리는 어떤 신앙의 모습으로 성전의 동문을 여는 신앙의 자세를 가져야 할까요?

(1~2) 세상이 주는 부패하고 타락한 유혹의 문을 닫아야 합니다. 그리고 하나님을 향한 신앙으로 중심을 잡고 여호와의 영광이 가득한 동문을 열어야 합니다

하나님께서는 에스겔 선지자에게 환상 가운데 '새 성전'을 보여줍니다. 보여준 '새 성전'은 성전의 화려함과 웅장함을 자랑하기 위한 목적을 가지고 있지 않았습니다. 포로 가운데 놓인 이스라엘을 예루살렘으로 다시 돌아오도록 회복시킬 것을 상징하고 있었습니다. 솔로몬이 세운 성전이 바벨론에 의해 무너진 지 '14년째' 되는 해에 하나님께서 에스겔에게 보여준 '새 성전'은 (겔 41:13)에 의하면 그 길이가 '백 척'이었습니다. 환상 가운데 보여준 '새 성전'이 비록 솔로몬이 지은 성전보다 크기가 '배'가 될지라도 이방인들의 신전에 비하면 왜소할 뿐만 아니라 초라하기까지 합니다.

에스겔이 목격한 '새 성전' 가운데 임한 '하나님의 영광'은 성전의 크기와 화려함을 근거로 하고 있지 않습니다. 그러면 '새 성전' 가운데 임한 '하나님의 영광'은 무엇을 말할까요? 그것은 하나님의 돌보심과 보호하심을 상징합니다. 어떤 어려움 속에서도 하나님은 결코 그들을 떠나거나 외면하는 일이 없다는 것을 약속하고 있습니다. 이런 영광이 '동쪽에서부터' 오더라고 에스겔은 말합니다.

사탄은 크고 화려한 것을 선호하도록 유도하면서 동시에 '신앙의 문'을 닫도록 만듭니다. 그리고 세상과 함께하는 문을 열도록 유혹합니다. 세상이 주는 부패하고 타락한 유혹의 문을 닫아야 합니다. 무너지는 것은 한순간입니다. '중심의 축'을 잘 잡아야 합니다. 하나님을 향한 신앙으로 중심을 잡고 여호와의 영광이 가득한 동문을 열어야 합니다.

(3~4) 진정으로 복된 삶을 살아가려면 세속의 문은 닫고 변함없으신 하나님의 영광이 자신을 향해 들어오도록 회개신앙으로 동문을 활짝 열어야 합니다

에스겔 선지자는 성전 앞 동편에 임한 하나님의 영광을 이

스라엘이 바벨론에 의해 멸망 당했던 때와 비교해 봅니다. B.C. 592년 그발 강 가에서 에스겔이 봤던 20년 전의 환상은 하나님의 영광이 '동문'을 통해 떠나가는 장면이었습니다. 하나님의 백성이라 일컬었던 이스라엘이 우상을 섬기는 등 하나님을 떠나 온갖 불의를 일삼으며 하나님과 맺었던 언약을 파기했던 결과였습니다. 하나님의 영광과 관련이 있는 '동문'은 우상숭배를 비롯하여 불의와 부정 그리고 타락을 일삼는 자들에게는 하나님의 영광이 '떠남'과 '심판'을 상징하고 있었습니다. 반면에 죄를 깨닫고 회개하는 자들에게는 '회복'을 약속하고 있었습니다. 즉 '영광이 다시 임하는 문'을 상징하고 있습니다.

에스겔 선지자가 환상 중에 봤던 것처럼 하나님의 영광이 떠난 장소가 동문이었을 뿐만 아니라 하나님의 영광이 다시 임한 장소가 동문이었던 것은 우리에게 두 가지 중요한 메시지를 던져주고 있습니다. 첫 번째로 '동문'은 변함없으신 하나님을 상징하고 있습니다. 비록 하나님을 향해 배반을 일삼을지라도 하나님은 언제나 변함이 없으시다는 것을 '동문'은 전하고 있습니다.

두 번째로 '동문'은 '회개의 신앙으로' 자신을 온전히 세워 나가야 한다는 것을 가르쳐 주고 있습니다. 진정으로 복된 삶을 살아가려면 타락의 길에 들어설 수 있는 '세속의 문'은 닫아야 합니다. 그리고 변함없는 하나님의 영광이 자신을 향해 들어오도록, 사탄이 자신을 넘어뜨리지 못하도록 그 싹을 회개신앙으로 잘라내고 '동문'을 활짝 열어야 합니다.

(5) 자신의 삶 가운데 흑암의 요소가 있다면 여기에 대해 단호해야 합니다. 해당하는 모든 요소의 뿌리를 뽑아내고 여호와의 영으로 자신의 심령을 가득 채운 성령 충만한 신앙으로 동문을 열어야 합니다

하나님의 영광에 압도되었던 에스겔은 하나님의 영에 이끌려 '성전의 안뜰'에 들어갑니다. 하나님의 영으로 인도함을 받은 에스겔이 하나님의 나타나심 앞에 회개와 하나님을 경외하는 신앙으로 납작하게 엎드립니다. 그러자 하나님께서는 에스겔에게 설 수 있도록 은혜를 베풀어줍니다. 그리고 성전 안뜰에 들어갈 수 있도록 합니다. 에스겔은 그곳에서 하나님의 영광이 가득히 임하는 것을 봅니다.

자신의 삶 가운데 흑암의 요소가 있다면 어떤 것도 용납하지 않아야 합니다. 단호해야 합니다. 뿌리를 뽑아내야 합니다. 그렇지 못하면 그 뿌리는 또 다른 강력한 힘을 만들어내어 나를 무너뜨리게 됩니다. 자신의 '삶의 문'을 하나님을 향해 과감하게 열어야 합니다. 하나님을 경외하고, 하나님을 섬기는 일에 망설임이 없어야 합니다. 그러나 자신의 삶을 하나님을 향해 연다는 것은 말처럼 쉽지 않습니다. 때로는 자신의 삶에 걸림돌이 되기도 하고, 때로는 사탄이 보이지 않는 투명막을 통해 걸림돌을 만들기도 합니다. 그러나 여기에 대해 과감해야 합니다. 흑암의 모든 요소를 뿌리째 뽑아내야 합니다. 그리고 여호와의 영으로 자신의 심령을 가득 채운 성령 충만한 신앙으로 여호와의 영광이 들어오는 동문을 열어야 합니다.

(적용)

남들이 볼 때 신앙생활을 잘하는 것처럼 보입니다. 신앙의 모습이 화려하게 비칩니다. 그러나 신앙은 사람이 보는 관점에서 설명되는 것이 아닙니다. 그 사람의 신앙이 하나님의 법을 떠났다면 그 사람은 하나님이 보시기에 성도가 아닙니다. 정말로 성도답게 그리고 세상의 삶을 복되게 살아가고 싶으십니까? 그 열쇠는 하나님과 바른 관계 유지에 달려 있습니다. 사탄이 쳐놓은 세상의 달콤한 유혹의 문을 닫아야 합니다. 하나님을 향한 신앙으로 하나님의 영광이 자신을 향해 들어오도록 동문을 열어야 합니다.

하나님의 영광이 자신의 모든 삶에 흐르도록 세상이 주는 부패하고 타락한 유혹의 문을 닫아야 합니다. 그리고 하나님을 향한 신앙으로 중심을 잡아야 합니다. 하나님의 영광이 자신을 향해 들어오도록 회개신앙으로 동문을 열어야 합니다. 자신의 삶 가운데 흑암의 요소를 뿌리째 뽑아내고 여호와의 영으로 자신의 심령을 가득 채운 성령 충만한 신앙으로 동문을 활짝 열어야 합니다.

[생각하며 나누는 시간]

1. 하나님은 어떤 분인가요?

2. 하나님은 나를 통해 무엇을 이루길 원하실까요?

3. 나는 어떤 신앙의 모습으로 세워져야 할까요?

신앙의 문을 달아라 (겔 44:1~3)

　　에스겔은 하나님께서 들려주는 계시의 음성을 통해 불신앙 가운데 있는 이스라엘이 당할 멸망의 심판을 알게 됩니다. 현재 당하고 있는 포로 생활보다 더 강력한 멸망의 심판을 전해 들은 에스겔의 마음이 무너집니다. 예루살렘의 멸망은 자신이 돌아갈 곳이 없다는 것을 예고하는 것이며 짐승보다 못한 그발 강 가에서 포로 생활이 지속된다는 것을 말하고 있었습니다. 이런 에스겔에게 이스라엘의 운명은 멸망으로 끝나는 것이 아니라 회복이 있을 것을 이어서 계시해줍니다. 이때 하나님께서는 에스겔에게 이스라엘의 회복은 단순히 시간이 흘러 이루어지는 일이 아니라 신앙의 회복과 함께 일어날 사건이라는 것을 계시합니다.

계시를 통해 신앙을 바르게 세우고, 신앙을 지키도록 명령하고 있습니다. 신앙을 지키기 위해서는 '신앙의 문'을 달아야합니다. 세상은 날이 가면 갈수록 더욱 악해지는 모습을 하고 있습니다. 우리는 이것을 보면서 종말의 날이 가까이 왔다는 것을 깨달아야 합니다. 이런 때일수록 신앙을 지켜내지 못하면 삼킬 자를 찾는 마귀에게 먹힘을 당하게 됩니다. 신앙을 지켜내는 '신앙의 문'을 달아야 합니다. 앞으로 다가올 날들을 대비하기 위해 우리는 어떤 '신앙의 문'을 달아야 할까요?

(1) 세속이 밀고 들어와서 하나님의 영광을 가리지 못하도록 하나님의 법도와 규례로 신앙의 문을 달아 나를 향한 하나님의 영광을 지켜내어야 합니다

환상 중에 에스겔이 천사에게 이끌려 성소의 동쪽을 향한 바깥 문으로 돌아옵니다. 그런데 문이 닫혀 있습니다. 에스겔은 '동문'으로 들어갈 수 없었습니다. 천사는 어떤 이유로 에스겔에게 성소의 닫혀 있는 '동문'을 보여줬을까요? '동문'은 (겔 10:19)에 의하면 이스라엘의 불신앙으로 인해 하나님의 영광이 떠났던 문입니다. 그리고 (겔 11:1)에서는 '불의한 이십오인'이

머물렀던 장소가 '동문'입니다. 그런가 하면 (겔 43:4)에 의하면 여호와의 영광이 들어온 문이 '동문'이었습니다. 이 세 가지 모두 하나님을 향한 신앙과 연결되는 공통점을 가지고 있습니다. 이것을 놓고 볼 때 '동문'은 하나님을 향한 신앙과 직결되는 문입니다. 이런 문이 닫혀 있었습니다.

'닫힌 문'이 의미하는 것은 세상의 속된 것들이 하나님의 영광을 가리지 못하도록 '구별'하고 '지켜내는' 기능과 역할을 감당하고 있는 문의 모습입니다. 세속이 우리의 신앙을 오염시키고 있습니다. 신앙을 지켜낼 문을 만들어야 합니다. 어떤 문을 만들어야 세속이라는 타락으로부터 하나님을 향한 우리의 신앙을 지켜낼 수 있을까요? 세상에는 여러 유형의 문들이 있습니다. '권력의 문', '능력의 문', '명예의 문', '재력의 문' 등 정말로 다양한 문들이 있습니다.

비록 세상의 재물이 가득하더라도 하나님을 향한 신앙이 막혀있다면 그 재물은 축복의 산물이 아닙니다. 하나님 앞에 피할 수 없는 징계의 증거물이 될 뿐입니다. 세속이 신앙을 오염시키지 못하도록 신앙으로 문을 달아서 경계를 쳐야 합니다. 하나님의 법도와 규례로 신앙의 문을 달아서 나를 향한 하나님의 영광을 지켜내야 합니다.

(2) 세속에 물들지 않도록 하나님을 향한 거룩이라는 신앙의 문을 달아서 항상 하나님의 임재 안에 머무는 성도가 되어야 합니다

성전 '동쪽 문'은 하나님의 임재가 임하는 문으로서 하나님 외에는 출입하는 것이 허용되지 않았습니다. 여기서 주목해야 할 것은 동문을 닫기 전에 하나님께서 그 문으로 들어오셨다는 점입니다. 그리고 그 다음의 명령이 "문을 닫아 둘지니라"입니다. 어떤 의미에서 이런 말씀을 하셨을까요? 이 말씀이 얼마나 은혜로운 말씀인지 하나님께서 하신 말씀의 뜻을 알게 되면 우리가 하나님을 향해 어떤 신앙의 문을 달아야 복된 자리에 서게 되는지 알게 됩니다. 동문을 영원히 폐쇄할 것을 명령하신 말씀 가운데는 하나님의 영광이 이스라엘을 떠나지 않겠다는 하나님의 단호한 의지가 새겨 있었습니다.

동문은 하나님의 임재를 상징하는 지성소 쪽으로 연결되는 문입니다. 특히 성전과 성소 그리고 지성소에 문을 둔 이유는 거룩을 지키고, 구별하기 위해서입니다. 우상 숭배자들과 불의한 자들이 들어오지 못하는 경계선이기도 합니다. (고전 3:16)의 말씀처럼 예수 그리스도를 구세주로 믿는 믿음 가운데 우리는 하나님의 성전이 되었습니다. 하나님의 영광이 우리 각자의 심령 가운데 지성소를 이루고 있습니다. 각자의 심령 가운데 내주하는 성령님은 결코 우리를 떠나지 않습니다. 하나님의 자녀가 된 우리는 하나님의 축복의 산물입니다. 이 축복을 지켜내야 합니다. 거룩이라는 '신앙의 문'을 달아서 항상 하나님의 임재 안에 머무는 축복의 성도가 되어야 합니다.

(3) 세상의 교만이 나를 지배하지 못하도록 하나님 안에서 만족을 구하고 찾는 하나님을 향한 겸손이라는 신앙으로 문을 달아야 합니다

하나님께서는 동문에 대해 왕 또한 출입을 금하셨습니다. 왕은 인간 세상에서 가장 높은 자리에 있는 권력자이지만 하나님 앞에서는 한 명의 인간일 뿐입니다. (겔 44:3)에 의하면 특권층으로서 왕이 소개되고 있습니다. 심지어 하나님 앞에 음식을 먹는 등 이해할 수 없는 장면이 에스겔에게 조명됩니다. 그러나 여기에는 하나님의 중요한 메시지가 함유되어 있었습니다. 이 본문의 말씀은 세상의 권력자인 왕이라 할지라도 하나님 앞에 더욱 겸손하게 세워져야 할 위치에 있다는 것을 말하고 있습니다.

유다의 왕들 가운데 열왕의 묘실에 들지 못한 4명의 왕이 있습니다. '여호람', '요아스', '웃시야', '아하스'입니다. 왜! 이들은 열왕의 묘실에 들지 못했을까요? 하나님을 향해 교만의 죄를 범했던 대표적인 왕들입니다. 세상의 교만이 자신을 지배하지 못하도록 하나님 안에서 만족을 구하고 찾는 하나님을 향한 겸손이라는 신앙의 문을 달아야 합니다. 이런 신앙의 규범을 지켜가며 나를 향한 하나님의 축복을 지켜나가는 성도가 되어야 합니다.

(적용)

신앙의 문을 만들어야 합니다. 그리고 그 신앙의 문을 달아서 신앙의 문이 제대로 기능을 발할 수 있도록 해야 합니다. 여기에는 신앙의 의지가 함께 가미되어야 합니다. 마귀는 수단과 방법을 가리지 않고 세상을 세속화시켜 나가고 있습니다. 신앙의 문을 달지 않으면 무너지는 것은 한순간입니다. 영적 마비 상태에 이르게 되면 세속이 자신의 신앙을 좀먹고 있다는 사실조차 느끼지 못하게 됩니다.

하나님의 법도와 규례로 신앙의 문을 달아야 합니다. 거룩이라는 신앙의 문을 달아야 합니다. 세상의 교만이 나를 가까이 하지 못하도록 하나님 안에서 만족을 구하고 찾는 하나님을 향한 겸손이라는 신앙의 문을 달아야 합니다. 하나님을 향한 신앙의 문을 달아 하나님의 영광이 영원히 우리 가운데 머무는 축복의 동산을 이루어가야 합니다.

[생각하며 나누는 시간]

1. 하나님은 어떤 분인가요?

2. 하나님은 나를 통해 무엇을 이루길 원하실까요?

3. 나는 어떤 신앙의 모습으로 세워져야 할까요?

심령의 전을 사수하라 (겔 44:4~8)

44:4 그가 또 나를 데리고 북문을 통하여 성전 앞에 이르시기로 내가 보니 여호와의 영광이 여호와의 성전에 가득한지라 내가 얼굴을 땅에 대고 엎드리니

44:5 여호와께서 내게 이르시되 인자야 너는 전심으로 주목하여 내가 네게 말하는 바 여호와의 성전의 모든 규례와 모든 율례를 귀로 듣고 또 성전의 입구와 성소의 출구를 전심으로 주목하고

44:6 너는 반역하는 자 곧 이스라엘 족속에게 이르기를 주 여호와께서 이같이 말씀하시기를 이스라엘 족속아 너희의 모든 가증한 일이 족하니라

44:7 너희가 마음과 몸에 할례 받지 아니한 이방인을 데려오고 내 떡과 기름과 피를 드릴 때에 그들로 내 성소 안에 있게 하여 내 성전을 더럽히므로 너희의 모든 가증한 일 외에 그들이 내 언약을 위반하게 하는 것이 되었으며

44:8 너희가 내 성물의 직분을 지키지 아니하고 내 성소에 사람을 두어 너희 직분을 대신 지키게 하였느니라

심령의 전을 사수하라(겔 44:4~8)

　　그발 강 가를 기점으로 소망 없이 살아가고 있던 포로들에게 에스겔 선지자는 자신이 환상 중에 봤고 하나님으로부터 받은 말씀을 크게 네 부분으로 증거합니다. 첫 번째는 자신이 하나님으로부터 받은 소명에 관한 것입니다. 두 번째는 곧 있을 유다의 침공에 따른 심판입니다. 세 번째는 이방인들에 대한 심판이었으며, 네 번째는 '복된 소낙비(34장)'와 '마른 뼈들이 살아나는(37장)' 것과 같은 이스라엘의 회복이었습니다. 이때 에스겔이 포로 가운데 놓인 무리를 향해 들려준 마지막 메시지는 '성전의 회복'이었습니다.

　　이스라엘의 회복을 하나님께서 말씀하실 때 무엇 때문에 성전의 환상들을 통해 말씀하셨을까요? 그것은 하나님과 교통이 얼마만큼 중요한지 설명하기 위해서입니다. 하나님께서 자신의 '성전'으로 삼으신 우리의 '심령'은 하나님과 교통하는 중요한 요소입니다. 종말의 때를 악한 마귀에 의해 무너짐을 당하지 않고 하나님과 교통을 이루려면 자신의 '심령의 전'을 사수해야 합니다. 우리는 자신의 '심령의 전'을 어떻게 사수해야 할까요?

(4~5) 타락을 부추기는 세속에 마음이 쏠려 세상의 곁길을 가지 않도록 하나님께서 계시하신 말씀으로 자신의 심령의 전을 단단히 사수해야 합니다

에스겔 선지자가 환상 중에 여호와의 영광이 가득한 성전에 이르게 됩니다. 그때 그가 지나간 한 장소는 '북문'이었습니다. 성전 문은 성전의 거룩성을 지켜내는 중요한 기능을 감당하고 있습니다. 우상 숭배자와 이방인들의 출입을 막는 역할을 하였으며, 성전의 거룩성을 훼손시키는 일반 백성들의 악행을 막고 있었습니다. 그러나 '북문'에 있는 '질투의 우상'은 이런 성전 문의 역할을 무너뜨리고 있었습니다.

에스겔은 타락이 중심을 이루고 있는 곳에 마음을 빼앗기지 않습니다. 하나님께서는 '북문'의 환상을 통해 과거 죄악 된 이스라엘의 모습을 상기시킵니다. 그리고 다시는 타락한 세속의 길을 걷지 말 것과 하나님을 향해 나아갈 때 세상의 유혹을 단호하게 뿌리치는 결단력 있는 자가 되어야 한다는 것을 명심시키고 있습니다.

"여호와의 성전의 모든 규례와 모든 율례를 귀로 듣고 또 성전의 입구와 성소의 출구를 전심으로 주목하였다"라고 에스겔은 말합니다. 그는 '마음'과 '눈'과 '귀'를 통해 하나님께서 말씀하신 것을 마음 판에 새깁니다. 그리고 하나님과 교통을 이루기 위해 하나님의 영광을 가리지 않아야 할 것과 타락한 세속에 한눈팔지 말아야 할 것을 '동문'과 '북문'을 통해 되새깁니다. 우리 또한 마귀에게 이끌려 하나님의 영광을 침범하는 교만한 '동문'의 길을 걷지 않아야 합니다. 타락한 '북문'의 곁길을 걷지 않도록 에스겔 선지자처럼 하나님께서 계시하신 그 말씀을 주목하고 새기면서 '심령의 전'이 악한 것들로 물들지 않도록 지켜나가야 합니다.

(6~7) 마귀의 사슬에 매여 있는 거짓된 믿음과 세속화가 심령의 전을 무너뜨리지 못하도록 하나님의 말씀에 더욱 귀를 기울이는 신앙의 자세와 하나님 한 분만을 주목하는 경계의 신앙으로 심령의 전을 수호해야 합니다

믿음이라고 다 같은 믿음이 아닙니다. 이단과 사이비 그리고 우상 숭배자들이 말하는 믿음은 마귀의 사슬입니다. 그 믿음은 '심령의 전'을 세워나가는 믿음이 아니라 '심령의 전'을 무너뜨리는 파괴의 도구입니다. '거짓된 믿음'은 우리로 하여금 하나님과 교통을 끊어버리고, 우리의 신앙을 무너뜨려 하나님 나라에 이르지 못하도록 합니다. 결국 우리로 하여금 하나님께 '반역을 일으킨 자'로 낙인찍히게 만듭니다.

(민 16:1) 이하를 보십시오! 마귀의 사슬에 휘감긴 고라의 무리는 하나님께서 세운 모세와 아론을 부정하고, 하나님을 대적합니다. 하나님께서는 그런 자들을 가리켜 '반역한 자'라고 칭합니다. 그리고 그를 따랐던 '250명'은 산채로 불사름을 당했으며, 염병으로 죽은 자가 '14,700명'이었다고 성경은 전하고 있습니다.

(엡 2:2)의 말씀처럼 공중의 권세자인 마귀는 '거짓된 믿음'을 앞세워 우리의 '참된 믿음'을 무너뜨리고 있습니다. 마귀

는 강력한 세력을 앞세워 '짐승의 표'를 사람들에게 받도록 합니다. 우상 숭배적 요소를 담고 있는 '거짓된 믿음'을 만들어 하나님 나라 백성의 수가 채워지지 못하도록 방해합니다. 그렇게 해서 '주님의 날'을 소망하는 것이 아니라 마귀를 숭배하는 믿음을 가지도록 만듭니다.

하나님의 말씀에 귀를 기울이지 않으면 자신이 하나님 앞에 가증한 짓을 하고 있는지 알지 못합니다. 마귀의 사슬에 매여 있는 '거짓된 믿음'과 세속화가 심령의 전을 무너뜨리지 못하도록 하나님의 말씀에 더욱 귀를 기울이는 신앙의 자세를 가져야 합니다. 그리고 하나님 한 분만을 주목하는 경계의 신앙으로 심령의 전을 수호해야 합니다.

(8) 하나님 앞에 자격 없는 자가 되지 않도록 신앙의 모양만을 갖추고 있는 모습이 아니라 맡겨진 직분에 대해 충실히 사명을 감당하며 하나님을 향한 심령의 전을 사수해야 합니다

자신의 '심령의 전'이 무너지면 동시에 나타나는 것이 있습니다. 그것은 하나님을 향한 신앙을 가볍게 여기는 신앙의 정체성이 무너지는 현상입니다. '내 성물의 직분'이라는 것은 '너희가 감당해야 할 내 성소에서의 직분'을 말합니다. 직분을 감당하는 속에 하나님의 약속의 실현이 있으며, 하나님의 영광이 있습니다. 성소에서 섬기는 직분은 하나님의 일로서 선민들이 전심을 다 해 지켜야 할 일이면서 동시에 영광스러운 특권이기도 합니다. 이런 중요한 제단의 일을 자격이 없는 사람들에게 시키는 것을 가볍게 여겼다고 하나님은 질타합니다.

"너희가 내 성물의 직분을 지키지 아니하고 내 성소에 사람을 두어 너희 직분을 대신 지키게 하였느니라!" '심령의 전'을 하나님을 경배하는 모습으로 거룩하게 세워나가야 합니다. 시대가 바뀌었다고 어떻게 하나님을 향한 경배의 모습이 시대의 모습을 따라가야 합니까? 세상 사람들이 고리타분하다고 말하는 하나님의 말씀인 계명을 지켜 자신의 신앙의 정체성을 바르게 세워나갑시다. 하나님 앞에 자격 없는 자가 되지 않도록 신앙의 모양만을 갖추고 있는 모습이 되어서는 안 됩니다. 소망이 없습니다. 맡겨진 직분에 대해 충실히 사명을 감당하며 하나님을 향한 자신의 심령의 전을 사수해야 합니다.

(적용)

'심령의 전'을 무너뜨리는 가장 큰 적은 거짓된 믿음과 하나님 앞에 교만한 모습입니다. 그리고 타락을 부추기는 세속의 기준에 마음을 빼앗긴 모습입니다. 세속화된 타락의 길에는 틀림없이 마귀가 진을 치고 있다는 것을 명심해야 합니다. 하나님의 거룩함이 손상되지 않도록 '동편 문'을 폐쇄한 것처럼 하나님을 영화롭게 하는 거룩한 '심령의 동문'이 하나님을 향하도록 세워져야 합니다. 이를 위해 자신의 심령에 말씀의 파수꾼을 세워야 합니다. 그리고 타락한 '북문'을 용납하지 않아야 합니다. 끊어내야 할 부정한 것은 타협이 아니라 미련 없이 끊어내야 합니다. 타락을 부추기는 것은 나를 향한 하나님의 은혜의 음성이 아닙니다. 나의 '심령의 전'을 무너뜨리고자 하는 마귀의 유혹이라는 것을 잊지 않아야 합니다.

[생각하며 나누는 시간]

1. 하나님은 어떤 분인가요?

2. 하나님은 나를 통해 무엇을 이루길 원하실까요?

3. 나는 어떤 신앙의 모습으로 세워져야 할까요?

심령의 전을 사수하라(겔 44:4~8)

거룩의 경계를 만들어라 (겔 45:1~8)

45:1 너희는 제비 뽑아 땅을 나누어 기업으로 삼을 때에 한 구역을 거룩한 땅으로 삼아 여호와께 예물로 드릴지니 그 길이는 이만 오천 척이요 너비는 만 척이라 그 구역 안 전부가 거룩하리라

45:2 그 중에서 성소에 속할 땅은 길이가 오백 척이요 너비가 오백 척이니 네모가 반듯하며 그 외에 사방 쉰 척으로 전원이 되게 하되

45:3 이 측량한 가운데에서 길이는 이만 오천 척을 너비는 만 척을 측량하고 그 안에 성소를 둘지니 지극히 거룩한 곳이요

45:4 그 곳은 성소에서 수종드는 제사장들 곧 하나님께 가까이 나아가서 수종드는 자들에게 주는 거룩한 땅이니 그들이 집을 지을 땅이며 성소를 위한 거룩한 곳이라

45:5 또 길이는 이만 오천 척을 너비는 만 척을 측량하여 성전에서 수종드는 레위 사람에게 돌려 그들의 거주지를 삼아 마을 스물을 세우게 하고

45:6 구별한 거룩한 구역 옆에 너비는 오천 척을 길이는 이만 오천 척을 측량하여 성읍의 기지로 삼아 이스라엘 온 족속에게 돌리고

45:7 드린 거룩한 구역과 성읍의 기지 된 땅의 좌우편 곧 드린 거룩한 구역의 옆과 성읍의 기지 옆의 땅을 왕에게 돌리되 서쪽으로 향하여 서쪽 국경까지와 동쪽으로 향하여 동쪽 국경까지니 그 길이가 구역 하나와 서로 같을지니라

45:8 이 땅을 왕에게 돌려 이스라엘 가운데에 기업으로 삼게 하면 나의 왕들이 다시는 내 백성을 압제하지 아니하리라 그 나머지 땅은 이스라엘 족속에게 그 지파대로 줄지니라

거룩의 경계를 만들어라(겔 45:1~8)

하나님께서는 바벨론에 포로로 끌려온 지 25년이 되던 해, 에스겔 선지자에게 '새 성전'을 환상 중에 보여줍니다. 그리고 '새 성전'의 모습을 돌아보도록 합니다. 에스겔은 말합니다. "내가 보니 여호와의 영광이 여호와의 성전에 가득한지라"(겔 44:4) '새 성전'에는 세상의 가증한 것들로부터 구별된 '거룩'만이 존재하고 있었습니다. 에스겔은 계속해서 '새 성전'에는 세상과 분명히 다른 뚜렷한 구별의 경계선이 있다는 것을 발견합니다. '거룩'이었습니다.

어제나 오늘이나 언제나 동일하게 세상과 만물을 주관하시는 하나님께서 예수 그리스도의 피 값으로 '새 성전' 삼은 우리를 향해 '거룩의 경계선'을 만들도록 명하고 있습니다. 무슨 이유 때문일까요? 하나님께서 '새 성전' 삼은 우리는 어떤 거룩의 경계선을 만들어가야 할까요?

(1~4) 부패와 타락에 물든 음란한 세대에 무너짐을 당하지 않도록 하나님 중심의 신앙관으로 자신의 삶에 울타리를 쳐서 거룩의 경계선을 만들어가야 합니다

하나님께서는 바벨론 포로로부터 '옛 땅'으로 돌아가 정착할 이스라엘 백성들에게 두 가지를 지키도록 당부하는 것이 아니라 명령합니다. 첫 번째는 땅의 분배에 대해 '제비'를 뽑도록 명합니다. 귀국하여 땅을 분배할 때 '제비'를 뽑는다는 것은 땅의 분배에 대한 결정은 세상적인 방법에 따르는 것이 아니라 하나님의 결정에 따라야 한다는 것을 말하고 있습니다. 여기서 하나님의 백성이라는 개념을 분명하게 세우도록 합니다. 두 번째는 땅을 제비뽑기 전에 하나님의 성소를 둘 거룩한 지역을 먼저 하나님께 드리도록 명합니다. 세상의 어떤 것보다 우선되어야 할 것이 하나님을 향한 신앙이라는 것을 일깨워주고 있습니다.

하나님께서는 바벨론에 포로로 끌려온 자들이 귀환하여 '옛 땅'에서 거주할 때 제일 먼저 '성소를 둘 땅'과 '성소에 속할 땅' 그리고 성전에서 수고할 '제사장들이 거할 땅'을 구별하여 드리도록 명합니다. 여기에 대해 일반적인 사람들은 '드려질 것의' 크기에 대한 규모에 관심을 둡니다. "성소의 크기는 어느 정도이며, 성소에서 수종을 드는 제사장들이 거할 장소의 크기는 어느 정도일까?" 그러나 하나님께서 명하신 것은 크기와 규모가 아닙니다. '거룩한 구별'을 강조하고 있습니다.

(사 5:5)은 말씀처럼 '울타리'가 허물어진 포도원은 먹힘을 당할 뿐만 아니라 짓밟힘을 당하게 됩니다. 부패하고, 타락하고, 음란한 세대에 동화되지 않도록 하나님 중심의 신앙관으로 울타리를 쳐야 합니다. 하나님을 향한 사랑과 하나님을 예배하는 삶과 하나님께 영광을 돌리는 신앙관으로 거룩의 경계선을 만들어가는 성도가 되어야 합니다.

(5~6) 물질만능주의 속에서 행복을 찾는 자가 아니라 하나님 안에서 참 행복을 알아가도록 십자가로 거룩의 경계를 만들어 영적으로 건강한 삶을 영위해 나가는 종말의 십자가 군병이 되어야 합니다

(민 35:2~8)은 가나안 정복을 눈앞에 둔 이스라엘 백성들에게 기업 분배에 대해 말합니다. 모세는 레위인들에게 '48개

성읍'이 주어질 것을 말합니다. 그러나 레위인들에게 주어진 성읍은 기업이 아니었습니다. "이스라엘 자손에게 명령하여 그들이 받은 기업에서 레위인에게 거주할 성읍들을 주게 하고"(민 35:2) 그 성읍은 레위인들로 하여금 자신들은 하나님께 드려진 삶을 살아야 한다는 것과 이스라엘의 모든 지경은 하나님 중심주의가 되어야 한다는 것을 강조하고 있었습니다.

하나님께서는 에스겔 선지자를 통해 '옛 땅'으로 돌아갈 이스라엘 백성들에게 명합니다. 레위인들에게 '20 성읍'을 주어 그들의 '성읍의 기지'를 삼도록 합니다. '기지'는 '소유' 또는 '재산'을 말합니다. 하나님께서는 레위인들로 하여금 영적으로 건강한 삶을 영위하도록 소유를 주어 삶의 울타리를 치도록 합니다. 세상의 물질에 눈 어두워 타락한 모습이 되지 않도록 합니다. 하나님께 자신들을 온전히 드리는 레위인이 되도록 합니다. 하나님의 통치를 중심으로 하여 살아가는 신정 공동체를 만들어가라는 강력한 명령입니다.

"돈이면 모든 것이 다 된다"라고 말하는 '물질만능주의' 속에서 무슨 행복을 찾겠습니까! '하나님 안에서' 참 행복을 찾아야 합니다. 그러기 위해서는 경계가 필요합니다. 하나님께 드려진 레위인들처럼 불의를 '십자가'에 못을 박으며 거룩한 경계를 만들어야 합니다. 음란을 '십자가'에 못을 박으며 거룩한 경계를 만들어야 합니다. 타락과 우상숭배를 '십자가'에 못을 박아야 합니다. 하나님의 '정의'와 '공의'로 살아가는 '십자가 신앙'으로 거룩한 영적 경계를 만들어야 합니다. 그리고 영적으로 건강한 신앙의 삶을 영위하는 종말의 십자가 군병으로 쓰임을 받아야 합니다.

(7~8) 신앙으로 거룩의 경계를 만들어 공동체를 영적으로 건강하게 지켜나가는 청지기의 모습을 가져야 합니다

하나님께서는 '옛 땅'으로 돌아가서 기업을 분배할 때 제일 먼저 '성전'에 드려질 것과 '제사장'과 '레위인들'에게 주어질 땅을 먼저 구별하도록 합니다. 그리고 레위인들에게 준 성읍의 기지 옆의 땅을 '왕'에게 돌도록 합니다. 세상적인 개념으로는 도저히 이해할 수 없는 대목입니다. 세상의 왕은 그 나라에 대한 모든 권세를 가진 자입니다. 왕이 모든 것의 첫 번째 순서에 등장합니다. 그러나 하나님께서는 기업으로 분배를 받는 자리에 '왕'을 차 선에서 거론합니다. 그 이유는 두 가지를 각인시키기 위해서입니다. 첫 번째는 '이스라엘의 왕'은 하나님께서 다스리는 나라와 백성을 보호하고, 지키는 청지기의 역할자라는 것을 다시 한번 더 각인 시켜주고 있었습니다.

두 번째는 '왕'에게 기업을 줌으로서 왕이 자신의 부를 위해 백성들을 착취하고, 괴롭히는 일을 하지 않도록 각인시킵니다. "이 땅을 왕에게 돌려 이스라엘 가운데에 기업으로 삼게 하면 나의 왕들이 다시는 내 백성을 압제하지 아니하리라"(겔 45:8) '하나님 나라의 평강'을 위해 왕에게도 경계를 세웁니다. 우리 또한 돌이켜 봅시다. 자신에게 주어진 위치는 권력을 행사하는 위치가 아닙니다. 청지기의 위치라는 의식을 가져야 합니다. 신앙으로 거룩의 경계를 만들어 영적으로 공동체를 건강하게 지켜나가는 일에 헌신하는 청지기의 모습을 가져야 합니다.

(적용)

'거룩의 경계'를 만들어야 한다는 것은 세상과 격리하여 살아가야 한다는 것을 말하는 것이 아닙니다. 하나님은 세상을 지금도 주관하고 계십니다. 그러니 세상과 격리된다는 것은 하나님의 뜻과 전혀 일치하지 않습니다. '거룩의 경계'는 마귀가 뿌려 놓은 저주로부터 구별되어라는 것을 말합니다. 그러므로 '거룩의 경계'는 '참으로 복된 울타리'를 치는 것을 말합니다.

'거룩의 울타리'는 하나님을 사랑하고, 예배하며, 모든 영광을 하나님께 돌리는 신앙관으로 만들어야 무너지지 않습니다.

하나님 중심의 신앙관으로 '거룩의 울타리'를 세워야 합니다. 그리고 공동체를 영적으로 건강하게 지켜나가는 일에 헌신하는 청지기의 모습을 잃어버리지 않아야 합니다. 세상 사람들은 권세와 권위로 자신이 누릴 자리를 만들지만 하나님 나라의 청지기는 다릅니다. 거룩의 경계를 만들어 공동체를 영적으로 건강하게 지켜나가는 기쁨으로 살아가야 합니다.

[생각하며 나누는 시간]

1. 하나님은 어떤 분인가요?

2. 하나님은 나를 통해 무엇을 이루길 원하실까요?

3. 나는 어떤 신앙의 모습으로 세워져야 할까요?

나의 사명과 사역 (겔 45:9~12)

45:9 주 여호와께서 이같이 말씀하셨느니라 이스라엘의 통치자들아 너희에게 만족하니라 너희는 포악과 겁탈을 제거하여 버리고 정의와 공의를 행하여 내 백성에게 속여 빼앗는 것을 그칠지니라 주 여호와의 말씀이니라

45:10 너희는 공정한 저울과 공정한 에바와 공정한 밧을 쓸지니

45:11 에바와 밧은 그 용량을 동일하게 하되 호멜의 용량을 따라 밧은 십분의 일 호멜을 담게 하고 에바도 십분의 일 호멜을 담게 할 것이며

45:12 세겔은 이십 게라니 이십 세겔과 이십오 세겔과 십 세겔로 너희 마네가 되게 하라

나의 사명과 사역 (겔 45:9~12)

　　하나님께서는 에스겔에게 중요한 한 가지를 약속합니다. 바벨론의 포로 된 상태에서 회복입니다. 하나님께서는 약속의 말씀을 통해 에스겔에게 사명을 부여합니다. 이스라엘을 하나님 앞에 바른 신앙관으로 세우도록 명합니다. 하나님께서는 제사장 에스겔에게 사명에 따른 사역을 부여하면서 이스라엘의 모습을 알게 합니다. 통치자들은 자신들에게 주어진 권력과 권세를 통해 하나님께 영광을 돌리는 것이 아니라 탐욕으로 자신들의 유익 얻기에 급급해 있었습니다. 백성들이 하나님을 잘 섬기도록 공의를 발하지 못합니다.

　　하나님께서는 에스겔에게 사명에 따른 사역을 부여합니다. 나라를 하나님 앞에 똑바로 세워나가는 일에 나팔이 되도록 합니다. 우리는 이 시대 앞에 세워진 에스겔이 되어야 합니다. 하나님께서 명한 사명과 사역을 부여잡아야 합니다. 우리는 이 시대 앞에 어떤 모습으로 사명과 사역을 감당하는 에스겔이 되어야 할까요?

(9) 죄악 된 세상의 '그릇된 정의'와 '그릇된 공의' 가운데 신음하고 있는 영혼들을 세상을 이기신 그리스도의 십자가로 건져내고 이들을 하나님 앞에 바르게 세워나가도록 하나님 나라의 정의와 공의를 사명과 사역 가운데 펼쳐나가야 합니다

에스겔은 통치자들이 백성들을 향해 '포악'과 '겁탈'을 일삼고 있는 것을 환상 중에 봅니다. 하나님께서는 이런 잘못된 통치자들을 강력하게 책망합니다. 그리고 통치자로서 세워야 할 두 가지를 말씀합니다. '정의'와 '공의'입니다. 자기편에서 유권해석하는 '정의'와 '공의'가 아니라 하나님 편에서 증거되는 '정의'와 '공의'입니다.

(창 4:19 이하)에 의하면 라멕은 자신을 중심에 두면서 '그릇된 정의'와 '그릇된 공의'를 만들어냅니다. "라멕이 아내들에게 이르되 아다와 씰라여 내 목소리를 들으라 라멕의 아내

들이여 내 말을 들으라 나의 상처로 말미암아 내가 사람을 죽였고 나의 상함으로 말미암아 소년을 죽였도다 가인을 위하여는 벌이 칠 배일진대 라멕을 위하여는 벌이 칠십칠 배이리로다 하였더라"(창 4:23~24)

　　죄악 된 권력 구조 속에 세워진 '그릇된 정의'와 '그릇된 공의'는 '라멕'처럼 자신을 합리화시키고, 자신을 더욱 죄악 된 모습으로 만들어갈 뿐입니다. 그러면 어떻게 하면 될까요? 방법은 오직 한 가지입니다. 하나님 편에서 나타나는 '정의'와 '공의'가 되어야 합니다. 정의롭지 못하고 공의롭지 못한 지도자들이 세상에 차고 넘칩니다. 이것은 권력의 구조가 잘못되었기 때문이기도 하지만 근본적인 원인은 죄악 된 세상의 것들이 그 구조의 중심에 세워져 있기 때문입니다. 죄악 된 세상의 '그릇된 정의'와 '그릇된 공의' 가운데 영혼들이 신음하고 있습니다. 세상을 이기신 그리스도의 십자가로 건져내야 합니다. 그리고 이들을 하나님 앞에 바르게 세워나가도록 하나님 나라의 '정의'와 '공의'를 사명과 사역 가운데 펼쳐나가야 합니다.

(10~11) 양심을 팔아서라도 자신의 유익을 추구하며 살아가는 타락한 세상 가운데 하나님의 공의를 흘려보내며 세상 가운데 하나님의 공의를 실현해 나가는 십자가 운동을 펼쳐나가야 합니다

하나님께서는 에스겔 선지자에게 사명과 사역을 부여합니다. 이스라엘의 통치자들에게 경제적 정의를 실행해야 한다는 원칙론을 증거합니다. 첫 번째는 '속이는 저울'이 아니라 '공정한 저울'이 되도록 합니다. 두 번째는 '속이는 에바'가 아니라 '공정한 에바'가 되도록 합니다. 세 번째는 '속이는 밧'이 아니라 '공정한 밧'을 되도록 합니다. '공정'이 무너지면 '무게'와 '부피', '용량'을 재는 도구는 상대를 속이는 일에 사용되는 불의한 도구가 됩니다. '공정'은 하나님의 '공의'의 속성과 함께합니다. 죄악 된 세상의 근원을 이루고 있는 편에서는 '공정'이 나올 수 없습니다. 하나님 말씀 안에서 '공의'의 속성을 담아내는 것만이 속이지 않는 '저울'이 되고, '에바'가 되고, '밧'의 참된 기능을 감당할 수 있습니다.

(잠 29:4)과 (시 106:3)에 따르면 하나님에게서 나온 '공의'를 바르게 세워나갈 때 나라가 견고해지고, 복이 있습니다. 양심을 팔아서라도 자신의 유익을 추구하는 집단이 활개를 치게 되면 나라와 가정과 개인이 복되지 못합니다. 양심을 팔아서

라도 자신의 유익을 추구하며 살아가는 타락한 세상 가운데 하나님의 공의를 흘려보내야 합니다. 하나님의 공의는 지식과 지혜로 만들어지는 것이 아닙니다. 하나님의 말씀을 지켜 준행하는 속에 펼쳐집니다. 하나님의 공의를 실현해 나가는 십자가 운동을 펼쳐야 합니다. 십자가 운동은 예수님이 그렇게 하셨던 것처럼 하나님의 뜻을 이루는 것입니다. 이것이 우리의 사명과 사역이 되어야 합니다.

(12) 하나님 앞에 함량이 미달 되는 세상의 가치관으로 살아가는 영혼들에게 참된 가치관이 무엇인지 일깨워주는 십자가 사역을 펼쳐나가야 합니다

'저울'과 '에바', '밧'이 물질의 양을 측량하는 단위라면 '세겔'과 '게라'는 화폐의 단위입니다. 당시 화폐의 가치는 무게로 측량되었으며, '은'이 화폐로서 기능하였습니다. 세상은 자신들이 원하는 가치관으로 원하는 기준을 설정합니다. 그리고 '행복'을 추구합니다. 그러나 세상의 가치관으로는 충분히 가치 있는 함량의 모습을 하고 있을지라도 화복을 주관하시는 하나님을 향한 신앙에 함량 미달이 되면 복되다고 말할 수 없습니다. (신 11:27)과 (28절)은 말하기를 여호와의 명령을 들으면 복이 될 것이지만 그렇지 않을 경우 저주를 받을 것이라고 하였습니다.

하나님께서는 에스겔에게 '세겔'에 대해 말씀하면서 이것을 하나님께 드릴 예물로 연결시켜 (겔 45:13 이하)에서 말씀을 줍니다. 하나님께서는 정한 절기에 드릴 예물의 양을 분명하게 측량하여 예물이 원하는 것에 미달 되지 않도록 합니다. 하나님의 명한 바를 지켜, 준행하는 신앙이 되라는 것을 말하고 있습니다. 하나님 앞에 함량이 미달 되는 세상의 가치관을 위해 살아가는 영혼들에게 참된 가치관을 일깨워줘야 합니다. 십자가 사역을 펼쳐나가며 영혼들에게 참된 가치관을 알게 하고, 심어 주는 사역을 힘 있게 펼쳐나가야 합니다.

(적용)

세상을 정의롭고, 공의롭게 만들어가는 것은 법과 제도로 되지 않습니다. 인간의 죄가 불러온 타락한 세상의 가치관으로는 어떤 모습으로도 정의롭고, 공의로운 모습을 창출해 낼 수 없습니다. '정의로운 것처럼', '공의로운 것처럼' 위장될 뿐입니다. 영혼들이 '그릇된 정의'와 '그릇된 공의'에 신음하고 있습니다. 하나님 나라의 정의와 공의를 세상 가운데 바르게 세워야 합니다. 영적으로 살아나는 호흡을 하도록 우리는 사명과 사역을 감당해야 합니다. 하나님 앞에 함량 미달 되는 세상의 가치관으로는 문제를 해결할 수 없습니다.

하나님의 법도와 규례를 지켜내는 십자가 신앙으로 영혼이 호흡하도록 사명과 사역을 펼쳐나가야 합니다. 세상의 불의와 부패, 정욕을 십자가 신앙에 못 박아야 합니다. 자기의 영광을 위해 살아가는 인본주의를 못 박고 하나님의 영광을 위해 살아가는 십자가의 신앙으로 하나님 나라의 가치관을 만들어가야 합니다.

[생각하며 나누는 시간]

1. 하나님은 어떤 분인가요?

2. 하나님은 나를 통해 무엇을 이루길 원하실까요?

3. 나는 어떤 신앙의 모습으로 세워져야 할까요?

생명수를 흘려보내는 교회 (겔 47:1~12)

47:1 그가 나를 데리고 성전 문에 이르시니 성전의 앞면이 동쪽을 향하였는데 그 문지방 밑에서 물이 나와 동쪽으로 흐르다가 성전 오른쪽 제단 남쪽으로 흘러 내리더라
47:2 그가 또 나를 데리고 북문으로 나가서 바깥 길로 꺾어 동쪽을 향한 바깥 문에 이르시기로 본즉 물이 그 오른쪽에서 스며 나오더라
47:3 그 사람이 손에 줄을 잡고 동쪽으로 나아가며 천 척을 측량한 후에 내게 그 물을 건너게 하시니 물이 발목에 오르더니
47:4 다시 천 척을 측량하고 내게 물을 건너게 하시니 물이 무릎에 오르고 다시 천 척을 측량하고 내게 물을 건너게 하시니 물이 허리에 오르고
47:5 다시 천 척을 측량하시니 물이 내가 건너지 못할 강이 된지라 그 물이 가득하여 헤엄칠 만한 물이요 사람이 능히 건너지 못할 강이더라
47:6 그가 내게 이르시되 인자야 네가 이것을 보았느냐 하시고 나를 인도하여 강 가로 돌아가게 하시기로
47:7 내가 돌아가니 강 좌우편에 나무가 심히 많더라
47:8 그가 내게 이르시되 이 물이 동쪽으로 향하여 흘러 아라바로 내려가서 바다에 이르리니 이 흘러 내리는 물로 그 바다의 물이 되살아나리라
47:9 이 강물이 이르는 곳마다 번성하는 모든 생물이 살고 또 고기가 심히 많으리니 이 물이 흘러 들어가므로 바닷물이 되살아나겠고 이 강이 이르는 각처에 모든 것이 살 것이며

47:10 또 이 강 가에 어부가 설 것이니 엔게디에서부터 에네글라임까지 그물 치는 곳이 될 것이라 그 고기가 각기 종류를 따라 큰 바다의 고기 같이 심히 많으려니와
47:11 그 진펄과 개펄은 되살아나지 못하고 소금 땅이 될 것이며
47:12 강 좌우 가에는 각종 먹을 과실나무가 자라서 그 잎이 시들지 아니하며 열매가 끊이지 아니하고 달마다 새 열매를 맺으리니 그 물이 성소를 통하여 나옴이라 그 열매는 먹을 만하고 그 잎사귀는 약 재료가 되리라

생명수를 흘려보내는 교회 (겔 47:1~12)

B.C. 573년입니다. 에스겔 선지자가 바벨론에 포로로 끌려온 지 어느덧 25년이라는 시간을 보내고 있을 때입니다. 하나님께서는 환상 중에 에스겔에게 나타납니다. 하나님께서는 성전의 환상을 통해 에스겔 선지자에게 바벨론에 포로로 끌려온 이스라엘 백성들의 회복과 함께 장차 있을 미래의 사건을 계시해 줍니다. 하나님께서 에스겔에게 보여준 환상들은 '유토피아'가 아니었습니다. 장차 일어날 일에 대한 하나님의 음성이었습니다. 하나님께서는 에스겔로 하여금 성전 구석구석을 돌아보도록 합니다. 그리고 성전에서 물이 흘러내리는 환상을 보여줍니다.

물은 생명과 관련하여 없어서는 안 될 절대적인 것입니

다. 이 땅에서 살아가는 피조물들 가운데 물 없이 살아갈 수 있는 존재는 없습니다. 그러니 물이 흐르는 곳에는 생명이 무성합니다. 나무들은 그 뿌리를 물이 흐르는 곳으로 향합니다. 하나님께서는 에스겔에게 성전에서 흘러나오는 물을 통해 무언가를 말씀하고 계십니다. 에스겔에게 무엇을 말씀하고자 했을까요? 성전에서 흘러나오는 물은 '성전 시대'를 이어 '교회 시대'를 살아가고 있는 우리에게 교회의 역할에 대해 어떤 말씀을 주고 있을까요?

(1~2) 교회는 하나님의 말씀을 스며드는 물처럼 세상의 영혼들을 향해 끊임없이 공급하는 생명수의 저수지가 되어야 합니다

에스겔은 성전에서 물이 흐르는 것을 봅니다. 성전에서 흘러나오는 물은 무엇을 의미하고 있을까요? (욜 3:18)은 성전에서 흘러나오는 물은 상처 난 땅을 치유하고, 생명과 비옥함을 가져다주는 것으로 비유됩니다. 만약! 하나님께서 성전에서 흘러나오는 물을 비유를 통해 말씀하지 않고 실질적인 '물'을 말했다면 문제는 심각해집니다. 왜냐하면! 사람들은 하나님을 찾는 것이 아니라 성전에서 흘러나오는 신비한 능력을 가진 물을 찾으려고 혈안이 되기 때문입니다. 여호와 하나님을 믿을 필요가 없어집니다. 신비한 물만 찾으면 모든 것은 해결되니 말입니다.

에스겔은 성전의 앞면이 동쪽을 향하고 있는 '문지방 밑'에서 물이 세미하게 흘러나오는 것을 봅니다. 관심을 가지고 보지 않으면 알 수 없을 정도로 '스며 나오는 물'이었습니다. 물이 흘러가는 곳을 봅니다. 물은 '성전 오른쪽 제단 남쪽으로' 계속해서 흘러내립니다. 물의 방향은 성전에서 성전 바깥을 향하고 있었습니다. '성전에서 흐르는 물'은 '생명수'를 비유하고 있습니다. 교회는 생명과 번영의 근원이 되는 하나님의 '생명수'가 함께하고 있습니다.

교회는 '생명수'인 진리의 말씀을 끊임없이 공급하는 하나님의 '말씀의 저수지'입니다. 한꺼번에 흘려보내고 멈추는 일회용이 아니라 '365일' 하루도 그치지 않고 계속해서 '생명수'를 흘려보내야 할 '말씀의 저수지'입니다. 이렇게 '생명수'의 말씀으로 날마다 새로움을 공급받는 자는 성령으로 충만하게 될 것이요, 그렇지 못한 자는 영적 기갈함에 허덕이게 될 것입니다. 하나님의 말씀을 스며드는 물처럼 세상의 영혼들을 향해 끊임없이 공급하는 역할을 감당하는 교회가 되어야 합니다.

(3~5) 교회는 생명수의 말씀을 끊임없이 선포하며 영혼들을 깊은 은혜의 강으로 인도하는 역할을 감당해야 합니다

　에스겔은 성전에서 성전 바깥으로 스며들듯이 흐르는 물을 따라갑니다. 길이를 측량하는 천사를 봅니다. "그 사람이 손에 줄을 잡고 동쪽으로 나아가며 천 척을 측량한 후에"(겔 37:3) 성전에서 스며 나오듯이 미미하게 흘러나온 물이 성전으로부터 약 530m에 이르는 거리까지 영향을 미치고 있었습니다. 그리고 에스겔은 천사와 함께 약 530m를 더 내려갑니다. 약 1km 지점에 이르렀을 때입니다. 에스겔은 당황합니다. "물이 무릎까지 차올랐습니다!" 처음 성전에서 흘러내렸을 때는 흐르는 것이 눈에 보이지 않을 정도로 미미한 양이었습니다. 이 물이 약 1km 지점에 이르니 눈에 보일 정도로 양이 급격히 많아지기 시작하였습니다.

　다시 약 530m를 더 내려가니 물은 기하급수적으로 불어나 자신의 허리까지 찹니다. 에스겔은 그로부터 약 530m를 더 걸어갑니다. 약 2.1km 지점에 이르게 되었을 때 놀라움과 감동 그 자체를 발견하게 됩니다. 처음 성전에서 '스며 나오듯이' 출발한 물이 상상할 수 없는 큰 강을 이룹니다. 자신의 의지로는 걸을 수 없는 큰 강을 이룹니다.

끊임없이 스며드는 생명수의 말씀이 발목의 강을 이룰 때까지만 해도 세상적인 혈기와 자기 의지대로 살아갑니다. 그러나 생명수가 그 사람의 삶과 생각에 이르기까지 계속해서 부어지게 되면 성령의 강력한 다스림을 받게 됩니다. 교회는 생명수의 말씀을 끊임없이 영혼들을 향해 선포해야 합니다. 그리고 생명수의 말씀으로 영혼들을 은혜의 강으로 인도하는 역할을 한순간도 멈추지 않아야 합니다.

(6~12) 교회는 생명수의 말씀을 세상의 영혼들을 향해 끊임없이 공급하여 죽음의 바다와 같은 절망의 터전을 희망과 기쁨의 터전으로 바꾸는 역할을 감당해야 합니다

에스겔은 황량한 벌판이 스며드는 물로 인해 큰 강을 이루게 된 것을 봅니다. 그 강 좌우편에는 나무가 울창한 숲을 이룹니다. 그리고 스며드는 듯한 미미한 물은 큰 강을 이루어 생명이 살지 못하는 죽은 바다인 '사해'를 변화시키는 놀라운 역사를 일으킵니다. "이 흘러내리는 물로 그 바다의 물이 되살아나리라!"(겔 47:8)

성전에서 미미하게 스며 나온 물이 죽은 바다를 살립니다.

'되살리다'라는 말은 히브리어로 그 원형이 '라파'입니다. '치료하다', '고치다'라는 의미를 가지고 있습니다. 죽은 '사해'를 하나님께서 어떻게 고치셨는지 에스겔 선지자는 목격합니다. 죽은 바다를 살리고, 그 속에 많은 생물들이 번성하고, 고기가 심히 많은 것을 목격합니다.

영생이 없는 가족들의 영혼 그리고 세상의 영혼들이 죽은 바다를 이루고 있습니다. 이런 상태에서 부어지는 물질은 죽은 바다에 썩은 물을 추가하는 것과 같습니다. 우리의 가정과 사회, 나라 가운데 생명수를 흘려보내야 합니다. 사해와도 같이 죽은 살림과 영혼 그리고 사회와 나라를 희망과 기쁨의 터전으로 바꾸는 것은 화복의 주관자 되시는 하나님의 뜻 가운데 있습니다. 스며드는 생명수의 말씀을 세상의 영혼들을 향해 끊임없이 공급하는 교회가 되어야 합니다. 그리하여 죽은 바다와도 같았던 절망의 터전을 희망과 기쁨의 터전으로 바꾸는 역할을 힘있게 감당해야 합니다. 이렇게 하나님께 영광을 올려드리는 사역을 펼쳐나가는 자를 하나님은 기뻐합니다.

(적용)

교회는 끊임없이 스며드는 생명수의 말씀으로 세상을 말씀의 결실을 맺는 터, 은혜의 터, 희망과 기쁨을 이루는 터전으로 만들어가야 합니다. 그리고 세상을 성령이 충만한 터로 만들어야 합니다. 교회가 세상을 향해 생명수를 흘려보내는 역할을 하지 못한다면 그곳은 더 이상 교회가 아닙니다. 생명수의 말씀으로 죽은 바다와 같은 우리의 가정과 사회, 나라와 민족을 살려야 합니다. 교회는 생명수의 말씀을 끊임없이 흘려보내는 마르지 않은 저수지가 되어서 세상 가운데 빛과 소금이 되고, 영의 길을 밝히는 등불이 되어야 합니다.

[생각하며 나누는 시간]

1. 하나님은 어떤 분인가요?

2. 하나님은 나를 통해 무엇을 이루길 원하실까요?

3. 나는 어떤 신앙의 모습으로 세워져야 할까요?

하나님이 원하는 열린 문 (겔 48:30~35)

48:30 그 성읍의 출입구는 이러하니라 북쪽의 너비가 사천오백 척이라
48:31 그 성읍의 문들은 이스라엘 지파들의 이름을 따를 것인데 북쪽으로 문이 셋이라 하나는 르우벤 문이요 하나는 유다 문이요 하나는 레위 문이며
48:32 동쪽의 너비는 사천오백 척이니 또한 문이 셋이라 하나는 요셉 문이요 하나는 베냐민 문이요 하나는 단 문이며
48:33 남쪽의 너비는 사천오백 척이니 또한 문이 셋이라 하나는 시므온 문이요 하나는 잇사갈 문이요 하나는 스불론 문이며
48:34 서쪽도 사천오백 척이니 또한 문이 셋이라 하나는 갓 문이요 하나는 아셀 문이요 하나는 납달리 문이며
48:35 그 사방의 합계는 만 팔천 척이라 그 날 후로는 그 성읍의 이름을 여호와삼마라 하리라

하나님이 원하는 열린 문(겔 48:30~35)

하나님께서 에스겔에게 보여준 환상 가운데는 성전과 함께 열두 지파의 기업에 대한 분배가 설명되고 있습니다. 기업을 분배할 때 첫 번째 순서는 '성소'를 둘 자리의 선정입니다. 다음은 수종 드는 제사장과 레위 사람들이 거주할 곳입니다. 그리고 왕에게 기업을 허락합니다. 이유는 백성들의 것을 착취하지 못하도록 하기 위해서입니다. 마지막으로 남은 땅을 이스라엘 족속들에게 기업으로 주도록 명합니다. 이런 기업의 분배는 가나안 땅을 정복했을 때 적용되었던 방식과는 사뭇 달랐습니다.

열두 지파의 기업에 대한 분배를 설명한 다음 에스겔서는 마지막으로 그들이 거하는 성읍에 '열두 문'이 있다는 것을 설명합니다. 하나님께서 열두 지파가 거주할 성읍의 문을 마지막으로 거론하고 있는 이유는 무엇일까요? 그리고 북쪽, 동쪽, 남쪽, 서쪽 성읍의 문을 설명하면서 방향마다 문이 세 개인 것을 말씀합니다. 그리고 문마다 각 지파의 이름을 거명합니다. 무슨 이유 때문일까요? 이 과정을 통해 우리에게 어떤 메시지를 던져주고 있을까요?

(30~31) 책임을 다하는 하나님 나라의 신앙관을 가지고 세상을 정의롭고, 공의롭게 만들어가며 세상 사람들이 하나님의 은혜를 만끽할 수 있도록 그 역할을 힘 있게 감당하는 열린 문이 되어야 합니다

에스겔서는 마지막을 정리하면서 이스라엘 백성들이 거주하는 성읍과 성읍의 '열두 문'에 대한 것을 거론합니다. 이유는 이스라엘 백성과 하나님과의 관계를 결론적으로 설명하기 위해서입니다. 문이 달린 성읍은 두 가지의 기능을 가지고 있습니다. 성읍은 대적들로부터 침노당하지 않도록 보호막의 역할을 감당합니다. 그리고 풍요한 삶을 누릴 수 있는 저장고의 기능을 감당합니다.

성읍의 '열두 문'을 이스라엘 '열두 지파'의 이름으로 세우는 이유는 하나님께서 택한 백성 외에는 이런 축복을 누릴 것이 허락되지 않는다는 강력한 메시지였습니다. 요한계시록 21장에 등장하는 천국의 '열두 문'을 연상시킵니다. 그런 문에 특이한 점이 발견됩니다. '북쪽의 세 문'에 기록된 르우벤과 유다, 레위는 마치 첫 열매처럼 하나님께 드려진 장자의 위치에 있는 지파였습니다.

르우벤은 '혈통의 장자'입니다. 그리고 (창 49:10)에 의하면 유다는 왕을 배출하고, 오실 메시아를 배출할 '언약의 장자'입니다. '레위'는 (민 3:12)에 의하면 열두 지파를 대신하여 하나님께 제물로 드려진 지파입니다. 따라서 레위는 '종교적 장자'로 불립니다. 육신적으로, 언약의 관점에서, 영적인 관점에서 장자로서 하나님 나라의 신앙관을 가지고 공동체를 정의롭고, 공의롭게 만들어가는 일에 헌신이 되라는 것입니다. 그리고 성읍에 출입하는 문에 지파별 이름이 있습니다. 세상을 향해 '열려있는 문', 책임을 다하는 '열린 문'이 되어야 합니다. 세상을 정의롭고, 공의롭게 만들어가는 일에 헌신적인 '장자의 문'이 되어야 합니다. 그리고 하나님의 은혜를 만끽할 수 있도록 그 역할을 힘 있게 감당하는 '열린 문'이 되어야 합니다.

> (32~34) 세상의 헐벗은 영혼들을 편견하지 말고 구원과 위로의 문이 되어주시고, 소망의 문이 되어주신 예수님께로 인도하는 일에 역할자로서 쓰임 받는 열린 문이 되어야 합니다.

네 방향의 문에 나타나는 특징 가운데 하나는 각 방향에 기록된 이름들이 야곱이 자신의 아들들을 낳았을 때 그 아이들을 낳은 어머니의 계통을 중심으로 서로 묶어놓았다는 것입니다. '북쪽'은 레아, '동쪽'은 라헬과 여종 빌하 그리고 '남쪽'은 레아, '서쪽'은 여종인 실바와 빌하의 아들이 그 문에 기록됩니다. 문마다 지파의 이름이 있다는 것은 "이 문의 주인은 그 이름이 새겨진 자의 것입니다"라는 뜻을 가지고 있습니다. 이때 그 문의 이름에 야곱의 아내의 여종이었던 빌하와 실바로부터 낳은 아들들의 이름도 동일하게 기록이 됩니다. 세상 사람들은 '서자의 자식'이라고 차별하고 그 가치를 인정하지 않으려 하지만 하나님께서는 그들을 동일하게 그 문에 이름을 기록합니다.

중요한 지파라고 좋은 문을 주거나 다른 지파보다 많은 문을 주지 않았습니다. '북', '동', '남', '서'는 차별된 방향을 말하는 것이 아닙니다. 모두 동일하다는 것을 문의 방향은 먼저 설명하고 있습니다. 그리고 지파마다 동일하게 각각의 문이 하나씩 허락되었다는 것은 하나님 나라의 공평성을 설명하기도

합니다. 특히 사방의 길이가 동일하게 '사천오백 척'인 것은 어떤 편견도 적용되지 않았다는 것을 설명하고 있습니다.

구원과 위로의 문이요, 소망의 문이 되시는 예수님께로 영혼들을 인도하는 일에 있어서 우리는 역할자로서의 문이 되어야 합니다. 우리가 편견의 문으로 세상을 향해 닫힌 문이 된다든지, 장애물이 되는 문이 되지 않아야 합니다. 서자의 자녀 같은 나를 주님께서는 영광의 문이 되게 하셨습니다. 세상의 헐벗은 영혼들을 소망 되시는 예수님께로 인도하는 일에 역할자로 쓰임 받는 사방에 열린 문이 되어야 합니다.

(35) 자신만이라는 이기적인 신앙의 모습이 아니라 함께라는 헌신 된 신앙의 자세로 공동체와 형제들이 축복의 중심에 서도록 하나님 중심을 만들어가는 일에 열린 문이 되어야 합니다

하나님께서 에스겔에게 처음 보여줬던 환상은 하나님 앞에 불의한 모습을 하고 있는 이스라엘과 하나님의 강력한 심판이었습니다. 그러나 에스겔서를 마치는 마지막 장과 절을 통해 하나님께서는 이런 말씀을 합니다. "그 사방의 합계는 만 팔천 척이라 그날 후로는 그 성읍의 이름을 여호와삼마라 하리라!" '여호와삼마'는 '하나님께서 거기 계신다'라는 뜻을 가지고 있습니다. 하나님께서 베푸시는 가장 큰 축복의 말씀입니다. "그날 이후로는" 심판받은 과거의 성읍이 아니라 하나님의 은혜로 회복된 '새 성읍의 이름'을 '여호와 삼마'라고 부르고 있습니다.

"그날 이후"는 두 가지의 의미와 뜻을 담고 있습니다. 첫 번째는 바벨론 포로로부터 회복이 이루어지는 때를 말합니다. 두 번째는 하나님 나라를 이루기 위해 첫걸음을 시작한 날을 말합니다. 자신의 죄를 자복하고, 회개의 신앙을 걸어가는 자에게는 '여호와삼마'의 축복이 있습니다. 우리는 '자신만'이라는 이기적인 신앙에서 벗어나야 합니다. '함께'라는 헌신 된 신앙의 자세로 '여호와삼마'를 이뤄가야 합니다. 공동체와 형제들을 축복의 중심에 서도록 '하나님 중심'을 만들어가는 일에 사방의 열린 문이 되어야 합니다.

(적용)

우리는 하나님이 원하는 문을 만들어가는 일에 몸부림치는 자가 되어야 합니다. 지금의 세상을 보십시오! 얼마나 불의하고, 음란하고, 타락하였습니까! 세상은 여기에 한술 더 떠 경쟁에서 이기는 자만을 성공한 자라 부르고 있습니다. 우리는 개념을 바르게 세워야 합니다. 하나님 나라 장자의 신앙관으로 비뚤어진 세상을 향해 하나님의 정의와 공의를 바르게 세워나가야 합니다. 편견이 아니라 하나님 중심이 흔들리지 않는 잣대를 자신에게 그리고 공동체 위에 만들어가는 일에 헌신해야 합니다. 그리고 '여호와삼마'의 축복이 우리 모두 위에 임하도록 헌신하는 사방의 열린 문이 되어야 합니다.

[생각하며 나누는 시간]

1. 하나님은 어떤 분인가요?

2. 하나님은 나를 통해 무엇을 이루길 원하실까요?

3. 나는 어떤 신앙의 모습으로 세워져야 할까요?

바티스 출판사 도서 안내

성경의 뼈대를 튼튼하게 세워 나가는 책
(1) 『창조목적과 그리스도의 사역』

성자 하나님께서 왜! 성육신하셔야만 했는가?
성자 하나님께서 왜! 예수로 오셔야만 했는가?
성자 하나님께서 예수로 오실 때 왜! 그리스도로 오셔야만 했는가?
여기에 대해 22개의 주제를 통해 명쾌한 답을 제시하고 있습니다.

- 책의 이해를 돕기 위하여 9개의 Q.R 코드 안에 26개의 동영상 강의가 보너스로 제공됩니다.
- 각 장르(제1막~제7막)마다 주어진 '생각해 보는 시간'의 질문을 활용하여 구역 또는 나눔의 교재로 활용하기에 적합하고, 유익합니다.
- 개인 및 그룹 study에 유익한 교재입니다(청·장년 교리교육 교재로 매우 유익합니다).

【느헤미야 시리즈 01】

성경, 신앙, 설교에 도움을 주는 책
(2) 『신앙으로 반응하라』

느헤미야 시리즈는 신앙을 통해 하나님 나라를 직시하고 신앙의 바른 관점을 가질 수 있도록 인도하는 것을 목표로 전체 내용이 구성되어 있습니다. '하나님 나라 회복'과 '하나님의 일하심'을 조명하고 있는 『신앙으로 반응하라』는 성벽 재건이라는 과정 안에서 신앙으로 공동체를 세워 나가는 느헤미야를 만나게 됩니다. 이를 통해 전개되는 사건들과 하나님으로부터 받은 응답의 역사가 신앙 가운데 펼쳐집니다.

▸ '느헤미야'의 본문(1장~5장)에 대한 난해한 부분들을 쉽게 이해할 수 있도록 도움을 줍니다.
▸ 신앙을 세워 나가는 데 도움과 유익을 줍니다.
▸ 설교 및 느헤미야서를 연구하는데 도움을 줍니다.

【느헤미야 시리즈 02】

성경, 신앙, 설교에 도움을 주는 책
(3) 『하나님이 기억하는 자』

하나님을 향한 신앙의 골격과 신앙의 자세를 바르게 세워 나가는 종교개혁이 소개되고 있습니다. 『하나님이 기억하는 자』는 형식의 신앙이 아니라 하나님 편에 어떻게 바르게 서야 하는지 일깨워줍니다. 그리고 신앙의 인격을 만들어 가는 과정이 사건들과 함께 박진감 넘치게 전개됩니다.

- '느헤미야'의 본문(6장~9장)에 대한 난해한 부분들을 쉽게 이해할 수 있도록 도움을 줍니다.
- 신앙을 세워 나가는 데 도움과 유익을 줍니다.
- 설교 및 느헤미야서를 연구하는데 도움을 줍니다.

【느헤미야 시리즈 03】

성경, 신앙, 설교에 도움을 주는 책
(4) 『해 뜨는 데부터 해 지는 데까지』

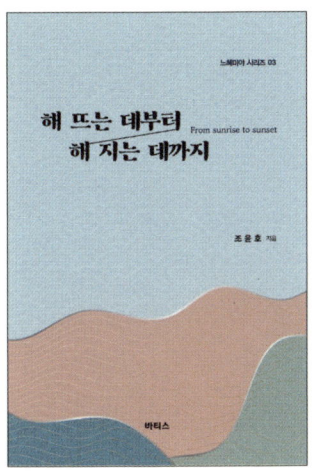

언약에 대한 각인과 함께 한결같은 신앙으로 하나님 앞에 바르게 서도록 지도하는 느헤미야의 간절한 마음이 읽어집니다. 그리고 주님이 다시 오시는 그날까지 말씀을 따라 날마다 매 순간 신앙을 개혁하지 않으면 안 되는 이유를 증거하고 있습니다.

▸ '느헤미야'의 본문(10장~13장)에 대한 난해한 부분들을 쉽게 이해할 수 있도록 도움을 줍니다.
▸ 신앙을 세워 나가는 데 도움과 유익을 줍니다.
▸ 설교 및 느헤미야서를 연구하는데 도움을 줍니다.

【신앙간증 시리즈】

(5) 『잃어버린 10년, 은혜로운 10년』

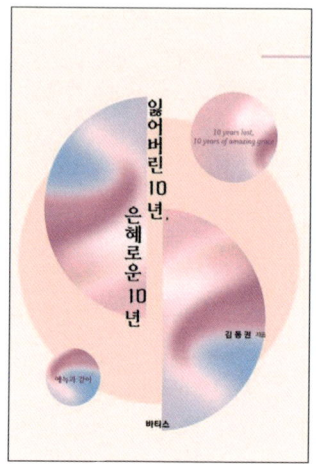

선교사로 활동하던 중 겪게 된 10년의 암 투병 과정을 기록하고 있습니다. 10년 동안 3번의 투병과 3번의 완치판정을 받은 과정을 통해 자신의 경험을 소개하고 있습니다. 『잃어버린 10년, 은혜로운 10년』은 기도하며 기록한 책입니다. 10년간의 투병을 간증하는 단순한 간증집이 아닙니다. 하나님께서 자신을 통해 어떻게 역사하셨는지 증명해내는 동시에 동일한 육체의 질고 가운데 놓인 환우들에게 한 줄기의 작은 희망을 가질 수 있도록 메시지를 전해주는 소중한 책입니다.

▸ 투병 가운데 있는 분들에게 믿음의 신앙과 기도의 소중함을 전해주고 있습니다.
▸ 어떤 순간도 포기하지 않는 인내를 강조하고 있습니다.
▸ 육체의 질고 가운데 있는 분들과 가족들에게 희망의 메시지를 전해줍니다.

창세기 2장~5장이 증거하고 있는 에덴 동산의 계시를 밝히는 책
(6) 『하나님의 숨결 안에』

에덴 동산은 하나님의 창조목적과 하나님의 속성이 담겨 있는 그릇과 같은 곳입니다. 『하나님의 숨결 안에』는 전체가 2부(제1부-"에덴 동산 안에서", 제2부-"에덴 동산 밖에서)로 구성되었으며 성경 본문(창세기 2장~5장)에 충실한 해석과 함께 에덴 동산이 무엇을 계시하고 있는지 진리를 전하고 있습니다.

- 창세기 2장~5장을 흥미롭고 재미있게 풀어갑니다.
- 에덴 동산의 '생명 나무'와 '선악을 알게 하는 나무'에 대해 명쾌한 답을 줍니다.
- 언약의 성취와 예수 그리스도가 메시아로 오셔야 할 이유를 알게 합니다.
- 하나님의 숨결이 느껴집니다.
- 이 시대에 꼭 읽어야 할 책입니다.
- 지금 선물하기에 아주 좋은 책입니다.

(7) 『구약 성경의 메시지(개론) - 창세기부터 말라기까지』

『구약 성경의 메시지(개론)- 창세기부터 말라기까지』는 크게 세 가지 목적을 가지고 출간되었습니다. 첫 번째는 구약의 근원을 알면서 성경을 더욱 가까이에 두는 신앙관을 길러내기 위한 목적을 가지고 있습니다. 두 번째는 성경을 일목요연하게 볼 수 있도록 도움을 주기 위한 목적을 가지고 있습니다. 세 번째는 독자들에게 구약 성경에 대한 기본적인 지식을 제공할 뿐 아니라 교회 교육 자료로 활용할 수 있도록 돕기 위한 목적을 가지고 있습니다. 이런 『구약 성경의 메시지(개론)- 창세기부터 말라기까지』는 창세기부터 말라기까지 본문의 텍스트가 어떤 메시지를 전하고 있는지 핵심적인 메시지를 알려주고 있는 영적으로 건강한 도서입니다.

안디옥의 빛나는 별 이그나티우스가 찾은 참된 행복
(8) 『내 안에 예수 그리스도가 살아계신다』

1세기 말부터 2세기, 기독교의 근간을 뒤흔들었던 율법주의자들과 영지주의자들 그리고 로마로부터 교회와 신앙을 지켜내기 위해 자신의 몸을 불살랐던 이그나티우스(Ignatius of Antioch, A.D. 35-108)는 안디옥의 빛나는 별과 같았습니다. 『내 안에 예수 그리스도가 살아계신다』라는 책의 제목은 이그나티우스의 모든 것(신앙과 삶)을 한 문장으로 증거 한 표현입니다. 교회와 신앙을 지키기 위해 자신을 짐승의 먹잇감으로 내놓은 속사도 교부였던 이그나티우스의 일곱 편의 서신을 소개하고 있습니다. 그리고 서신에 담겨 있는 '기독론'과 '구원론', '교회론', '종말론', '감독제도'와 '신앙' 등에 대한 신학적, 역사적, 신앙적 근거를 논하고 있는 귀중한 도서입니다. 신학자들이 적극적으로 추천하고 있으며 우리 모두가 읽어야 할 신앙의 필독서입니다.

- 1세기와 2세기 고난과 갈등 그리고 기독교 신앙의 정수(精髓)를 알려줍니다
- 예수 그리스도와 십자가를 가슴으로 받아들이고, 새기게 합니다
- 교회와 그리스도인이 존재하는 이유와 목적을 알게 합니다
- 진리와 신앙을 사수하기 위해 순교하였던 기독교의 역사를 전하고 있습니다
- 초대 교부에 관하여 하나의 획을 긋는 도서입니다

【바티스 묵상집】
『시편』

"시편- 바티스 묵상집"은 우리를 감사와 찬양의 신앙으로 인도하며 하나님을 향한 경건의 신앙으로 이끌어갑니다.

▸ "시편 – 바티스 묵상집"은 하나님을 향한 신앙의 가치관을 바르게 세워줍니다
▸ "시편 – 바티스 묵상집"은 시편 가운데 새겨진 하나님 말씀의 깊이를 깨닫게 합니다
▸ "시편 – 바티스 묵상집"은 하나님을 향한 감사와 찬양의 신앙으로 이끌어갑니다
▸ "시편 – 바티스 묵상집"은 인간의 참된 가치관에 대해 알게 합니다
▸ "시편 – 바티스 묵상집"은 평신도뿐 아니라 목회자들에게도 도움을 줍니다

【바티스 묵상집】

『마태복음』

"마태복음- 묵상집"은 예수 그리스도를 닮은 그리스도인의 신앙으로 인도하며 하나님이 기뻐하는 증인의 삶을 살아가게 합니다

- 마태복음 묵상집은 예수 그리스도를 바르게 알도록 인도합니다
- 하나님 나라를 건설하는 신앙의 발판을 만들어줍니다
- 믿음의 확신을 가지고 세상을 살아가게 합니다
- 천국을 소망하는 기쁨으로 살아가게 합니다
- 믿음의 눈을 견고하게 세워가는 영적 군사로 만들어갑니다

『소망의 한걸음』

"소망의 한 걸음"은 진리의 발걸음입니다

- "소망의 한 걸음"은 진리와 관련한 18가지의 소중한 질문과 답으로 구성되어 있습니다
- "소망의 한 걸음"은 창조, 예수 그리스도, 구원, 성령의 일하심까지 명확한 답을 줍니다
- "소망의 한 걸음"은 알기 쉬운 전도용 소책자입니다
- "소망의 한 걸음"은 새가족 교육용으로 적합니다

출 / 간 / 예 / 정

바티스 묵상집

요한복음

조윤호 지음

출 / 간 / 예 / 정

바티스 묵상집

레위기

조윤호 지음